Kauderwelsch

Band 45

Kauderwelsch

Kiwi-Slang
das Englisch Neuseelands

Claudia Daley
Martin Lutterjohann

Kauderwelsch Band 45
Kiwi-Slang, das Englisch Neuseelands
von Claudia Daley und Martin Lutterjohann

papilio print

Peter Rump Verlags- und Vertriebsges. mbH
Hauptstr. 198
D-4800 Bielefeld 14

1. Auflage 1990
ISBN 3-922376-26-6

Konzeption:
Peter Rump

Gestaltung:
Christine Brockmann, Peter Rump (Inhalt)
Peter Rump (Umschlag)

Illustrationen/Comix:
Die Abbildungen auf den Seiten 1, 13, 18, 21, 27, 32, 35, 37, 46, 48, 56, 60, 74, 73, 78, 80, 84, 86 und 89 stammen aus der Zeichenserie "**Footrot Flats**" von Murray Ball. © Murray Ball/PIB Copenhagen. Wir bedanken uns für die freundliche Genehmigung des Abdrucks.

Foto:
Martin Lutterjohann

Druck, Litho, Bindung:
Fuldaer Verlagsanstalt GmbH, Fulda

PRINTED IN GERMANY

Inhalt

Vorwort 7
Gebrauchsanweisung 8

Allgemeines 10
Ausdrücke für Neuseeland 14
Maori-Ausdrücke 16
Wohnen in NZ 21
Lernen und Studieren 26
Arbeiten 29
Paddocks & Wop-Wops
Landwirtschaft 31
Rinder 33
Schafe 34
Hunde 37
Freesing Works 39
Unterwegs in NZ 40
Unterwegs in der Natur 44
Wetter 45
Jagen/Tiere 47
Geld 50
Wetten 51
Telefonieren 51
Einkaufen 53
Kleidung 55
Essen 57
Lokale 58
Fast-Food 59
Fisch 60
Fleisch 61
Getränke ohne Alkohol 62
Süßigkeiten 63
On the Piss 64
Parties 66
Kino 67
Fernsehen 68
Trinken 69
Toilette 72

Die lockere Sprache des Alltags 73
Begrüßen (74) Redewendungen (75) glücklich sein (76) super! (76) Ärger haben (78) spinnen (82) Pech haben (82) Angst haben (83) klauen (83) erschöpft sein (84) quasseln (84) Schimpfwörter (85) Ausrufe (87)

Zwischengeschlechtliches 87
Ausdrücke für sie (88) .. für ihn (89) Körperliches (90) Sex/Liebe (92)

Literatur 93
Register 95

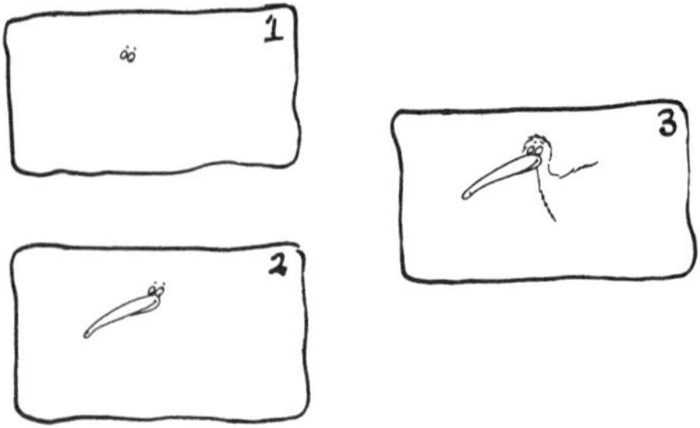

zum Geleit

Liebe Leser, bei der Lektüre dieses Buches bitten wir, folgendes zu bedenken: Es ist selbstverständlich, daß die Ausdrücke in diesem Buch nichts mit unserer Einstellung zu tun haben. Das gilt besonders für Schimpfwörter und beleidigende Ausdrücke. Es liegt ausdrücklich nicht in unserer Absicht, daß die aufgeführten diskriminierenden Ausdrücke verwendet oder verbreitet werden. Wir haben sie aufgelistet, weil es sein kann, daß man ihnen begegnet (in Filmen, Büchern oder auf der Straße), und verstehen sollte man, was man hört. Diese Sammlung ist nicht vollständig.

Readers, We ask you to keep in mind that this compilation of words does not reflect the view of the authors. This should be self-evident. It is not in our intention to promote the usage and/or continuation of societal, racial and ethnic slurs, and we regret the need for their inclusion. In fact, we prefer they didn't exist at all! We merely note them because the German traveller is likely to come across them in movies, novels and other everyday situations. This list is by no means complete. Please consult the publisher's address for additions, comments etc..

Vorwort

Der vorliegende "Slang-Band" der Kauderwelsch-Reihe soll einen kleinen Überblick über die neuseeländische Umgangssprache geben.

Er richtet sich an Neuseeland-Reisende, die über ein Minimum an englischen Sprachkenntnissen verfügen, die aber nicht regelmäßig Kontakt mit dem Kiwi-Alltag haben oder die sich nicht so lange in Neuseeland aufgehalten haben, daß sie in den 'Code' des dortigen Umgangsenglisch eingeweiht sind. Wenn man sich nämlich als harmloser Reisender (oder als Neuzugereister) auf Neuseelands Boden begibt, merkt man schnell, daß es eine Vielzahl von Situationen gibt, in denen man mit dem mühsam erlernten Schulenglisch nicht mehr folgen kann: Wenn man Gesprächen bei "Shark & Taties" (Fish & Chips) oder im Pub an der Ecke lauscht, sich mit einem erregten Thekennachbar oder Party-Gast auseinandersetzen will, wenn man ein Exemplar des Comics "Footrot Flats" in die Hände bekommt oder auch nur einem Live-Interview am Fernsehen oder Radio folgen will.

Es geht hier also um das **gesprochene Alltagsenglisch in Neuseeland.**

Gebrauchsanweisung

Diese Wort- und Phrasensammlung könnte man grob in zwei Teile gliedern: Es geht los mit typisch neuseeländischen Ausdrücken, die euch in bestimmten Situationen begegnen werden, z.B. auf der Farm, im Straßenverkehr etc. Das sind nicht immer Slang-Ausdrücke.

Im zweiten Teil geht es dann um die echte Umgangssprache. Wiederum grob nach Situationen sortiert, aber Überschneidungen ließen sich nicht vermeiden. Zu diesem 2. Teil möchten wir einiges anmerken. Wissenschaftlich gesehen ist Slang eine "Low-Level-Sprache", die von unteren sozialen Schichten ausschließlich gesprochen wird, da ihnen die "Hochsprache" nicht geläufig ist. Wir verstehen Slang anders und zwar als die Sprache, die von den Leuten im alltäglichen Leben gesprochen wird, wenn man nicht auf Etikette achten muß. Da wimmelt es von "Spezialausdrücken" und "unfeinen" Wörtern. Gerade bei letzteren ist es nötig, recht genau zu differenzieren. Auch bei uns kann ja z.B. das Wort "Scheißkerl" je nach Situation und angesprochener Person mal durchaus freundlich, mal höchst beleidigend sein. Auch werden sich zwei Männer an der Theke anderer Ausdrücke für Frauen bedienen, als dann, wenn eine Vertreterin des anderen Geschlechts zuhört.

Solange man in einer Gemeinschaft diese Sprache versteht, hat sie auch ihre Berechtigung. Wenn man erst einmal die Grundregeln verstanden und sich in die Sprache eingehört hat, fällt es auch nicht mehr so schwer, sein Gegenüber zu verstehen.

Wir haben stets versucht, die deutsche Übersetzung der Ausdrücke auf dem gleichen Sprachlevel zu halten. Trotzdem ist bei der Anwendung Vorsicht geboten. Völlig vulgäre Ausdrücke sind durch ein * gekennzeichnet. Abwertende Ausdrücke und Beleidigungen sind eh nicht zum Gebrauch, sondern lediglich zum Verstehen aufgeführt (siehe hierzu auch Seite 6). Hierzu auch ein Zitat aus "Das Wörterbuch" von den Gebrüdern Grimm: "Ein Wörterbuch ist nicht dazu da, die Wörter zu verbergen, sondern um sie hervorzubringen."

Im Anhang dieses Buches sind alle Ausdrücke, die vorkommen, noch einmal stichwortartig und alphabetisch geordnet aufgelistet. Die Seitenzahl dahinter gibt an, wo das Wort erwähnt wird und demnach auch die Übersetzung steht. Hört man z.B. den Ausdruck "Don't get your knickers in a twist!", findet man unter "knickers" und "twist" die entsprechende Seite.

Liebe Leser!

Wir haben uns zwar alle Mühe gegeben, aber daß dieses Buch vollständig ist, das wollen wir nicht behaupten. Aber es ist aktuell. Nur solche Ausdrücke haben wir aufgenommen, die heute gebräuchlich sind. Und dadurch unterscheidet sich dieses Bändchen sicherlich wohltuend von dicken, wissenschaftlichen Slang-Wörterbüchern.

Aber wir möchten dieses Buch erweitern und vor allen Dingen soll es aktuell bleiben. Dafür brauchen wir eure Hilfe! Täglich entstehen neue Ausdrücke, andere werden altmodisch. Teilt uns bitte weitere Wörter mit, die ihr auf eurer Reise hört. Schreibt uns auch wo (in welcher Region Neuseelands) ihr sie gehört habt. Für verwertete Ergänzungen zeigt sich der Verlag mit einem Freiexemplar der nächsten Auflage erkenntlich. Ihr erreicht uns über die Verlagsadresse.

Giv'em a taste of kiwi

Allgemeines zu Kiwi-Country und -English

Von uns aus gesehen liegt **Neuseeland,** auf der entgegengesetzten Seite des Erdballs. Nur zum Mond ist es weiter als zu unseren Antipoden. Ein Blick in den Atlas zeigt uns auch, wie isoliert dieser Inselstaat ist. Klar, daß die **Kiwis** (das ist nicht nur das Wappentier und die gleichnamige Frucht sondern auch der Spitzname der Neuseeländer, den diese bevorzugt für sich selbst gebrauchen) in der Sprache Eigenheiten entwickelt haben. Ihr Englisch klingt weitaus britischer als das der **Aussies** (Australier), aber in der Umgangssprache gibt es viele Gemeinsamkeiten mit den westlichen, 2000 km entfernten Nachbarn.

Die **Aussprache** ist aber doch deutlich anders. Die Vokale sind oft auf charakteristische Weise verdreht, klingen flacher und gedehnter als im britischen oder Aussie-English. Wenn ihr Kiwis sprechen hört (in Deutschland trefft ihr sie gehäuft während des Oktoberfestes in München), werdet ihr verstehen, was gemeint ist.

Wenn auch Neuseeland und Australien gut nachbarschaftliche Beziehungen pflegen, würden zumindest Kiwis nie ernsthaft auf die Idee kommen, sich mit den Aussies zu einer politischen Einheit zu verbinden. Eine gewisse "**splendid isolation**" (die ja einst für das Vereinigte Königreich Großbritannien galt), möchten sie sich bei aller Zuneigung, die sich auch in gegenseitigen Neckereien mit einem Schuß Spott äußert, doch bewahren.

ENZED (**NZ** = New Zealand) hat bei weitem kein so buntes Völkergemisch wie das heutige Australien: Mischt die **Maori** (vor rund 1000 Jahren eingewanderte Polynesier, verwandt mit den ursprünglichen Bewohnern Hawaiis und Tahitis) mit den englischen Siedlern, die ab dem Ende des 17., Anfang des 18. Jahrhunderts auf die Nord- und Südinsel kamen, dann habt ihr schon die Hauptbestandteile der Bevölkerung und Kultur beisammen, und das zeigt sich auch heute in der Sprache. In neuester Zeit besinnt man sich auch im offiziellen Neuseeland zunehmend und kehrt das Maori-Erbe mehr und mehr heraus. Und die übriggebliebenen Maori (knapp 10%) heizen der jeweiligen Regierung mit Forderungen kräftig ein.

Kiwi-English ist, von den eingestreuten Maori-Brocken abgesehen, zuallererst eine Variante des British-English; allerdings ist der affektierte **upper class English accent**, das **Queen's English**, im modernen Neuseeland out, auch wenn **E** (= *Elizabeth*) **II.** immer noch die Queen von Neuseeland (ebenso wie von Australien, Kanada, usw.) ist. Wer heute so geschwollen redet, **is talking with a plum in his mouth** oder ist einer der vielen **poms/pommies in disguise** (*pom = prisoner of Mother England*). Das sind Kiwis, die sich dadurch verraten, daß sie weniger Bier vertragen als die echten und England ihre Heimat nennen, egal ob sie eine halbe Stunde oder ein halbes Leben in Neuseeland sind. Fast jeder (junge) Kiwi möchte aber doch einmal, in Großbritannien gewesen sein, im Land der Vorfahren von über 80% der Bevölkerung. Die Schreibweise von Wörtern wie *centre, litre, theatre, behaviour, labour, neighbour, programme, traveller, license, practise, etc.* folgen der englischen Tradition. In den USA werden diese Wörter heute so geschrieben: *center, liter, theater, behavior, labor, neighbor, program, traveler, licence, practice,* etc.

Eine große Zahl von Ausdrücken und Redewendungen, die einem **Ami** als seltsam oder abartig erscheinen mögen, sind nicht kiwi-spezifisch sondern British English. Das im Anhang erwähnte **Kiwi-Yankee Slanguage Dictionary** hat über tausend Einträge. Aber wer von Euch von der Schule oder sonstwoher eher mit dem Englischen des **U.K.** (*United Kingdom* = Großbritannien) vertraut ist, wird rund die Hälfte der Einträge wiedererkennen. Tatsächlich hat sich das US-Englisch viel weiter von den Ursprüngen entfernt als das der Kiwis (*"U.K. and U.S.A. are separated by the same language"*).

Das ganz normale britische Englisch müssen wir für **Kiwi-Slang** als weitgehend bekannt voraussetzen. Die Besonderheiten, die sich aus der ganz anderen Umgebung und dem Lebensstil der Kiwis ergeben haben, sollen jedoch möglichst umfassend Erwähnung finden.

Persönliche Fürwörter

Einige persönliche Fürwörter werden bisweilen anders als im Standard-English verwendet:

us statt **me:**	**gizago** *give us a go,* *give me a go* Laß mich mal probieren.
me statt **my:**	**me house, me missus** *my house, my missus* mein Haus, meine Frau
she statt **it:**	**she's a hot day today** *it's a hot day today* es ist ein heißer Tag heute
	she'll be right, mate *it'll be allright, man* keine Sorge, es wird schon klappen
the statt **my:**	**the wife's gone shopping for the day** *My wife has gone shopping for the day* Meine Frau ist heute beim Einkaufen

Abkürzungen

Was euch auffallen wird, ist die Tendenz der Kiwis (aber auch der Aussies) zum Verkürzen oder Zusammenziehen von Wörtern:

ta	*thank you*
veges	*vegetables*
ya	*you*

Noch typischer sind die auf **-y** oder **-ie** endenden Abkürzungen:

ciggies	*cigarettes*	Zigaretten
bikie	*motor-cycle*	Motorrad
kindy	*kindergarten*	Kindergarten
postie	*postman, mail person*	Briefträger
pozzie	*position*	Platz, Position
u.v.m.		

Ausdrücke für Neuseeland

Aotearoa	Land der großen weißen Wolke: Das war das erste, was die Maori von NZ sahen
Enzed	NZ = New Zealand
God's own/Godzone	Gottes eigenes Land: Das ist NZ für die patriotischen Neuseeländer (und patriotisch sind sie fast alle!)

Im Land werdet ihr sehr schnell merken, wie sehr die jeweilige Insel, auf der die Leute leben ihre Identität prägt. Entweder bist du **North Island(er)**, wo zwei Drittel aller "Kiwis" leben, oder **South Island(er)**. Die Südinsel ist größer, weitaus dünner besiedelt, wilder, landschaftlich großartiger, aber auch kälter.

Natürlich gibt es auch noch **Stewart Island** im Süden der Südinsel und viele andere, kleinere, aber die fallen nicht ins Gewicht.

Wenig schmeichelhaft ist der Name der Insel, mit der Nord- und Südinsulaner die jeweils andere bedenken: **"Pig Island"**. Nicht zuletzt wegen der vielen Wildschweine, die in den entlegeneren Gegenden beider Inseln leben (als verwilderte Nachfahren der von den Siedlern eingeführten Hausschweine), ist NZ ein Paradies für Jäger. Für die Aussies steht allerdings **Pig Island** für ganz NZ.

Im übrigen nennen die Leute - je nachdem, auf welcher der beiden Hauptinseln sie leben - ihre eigene Insel jeweils **mainland**. Einerseits saß Gott **Maui**, der Sage nach, eines Tages auf der Südinsel und angelte die Nordinsel aus dem Wasser, was klären sollte, wo das eigentliche *mainland* liegt. Andererseits wohnen die meisten Leute auf der Nordinsel, und dort liegt auch das politische, wirtschaftliche, kulturelle Zentrum. Allerdings hat die Südinsel mehr Landmasse, Schafe und Bodenschätze. Wie gesagt, es kommt ganz darauf an, wer wo lebt.

die Leute, die dort wohnen

● **Enzedder (NZer)** und Kiwis hatten wir ja schon.

● **Coconuts** * sind zwar braun wie die Maori, aber gemeint sind die in NZ lebenden **Polynesier** von den Pazifik-Inseln, z.B. die *Cook-Islander;* die Maori verwenden gern diesen abfälligen Ausdruck, sie mögen nämlich nicht, daß ihre entfernten Verwandten sich in Jobs oder Gegenden breitzumachen versuchen, die angestammte Maori-Domäne sind.

● Aber die Maori selbst werden natürlich auch nicht verschont:
Hori * ist ein abwertender Ausdruck der Weißen für die Maori.

● Gefährlicher ist aber das von den Australien übernommene **bong** *, mit dem dort die *Aborigines,* die Ureinwohner, gelegentlich bedacht werden. Maoris oder andere Polynesier in deren Gegenwart so zu benennen ist eine Einladung zum Fight.

● **Joe Bloggs**, auch: **Joe PakiPaki from Opunaki** steht für den "typischen" Mittelklasse-Kiwi mit Eigenheim und zwei Kindern.

● **Dallie** * beleidigt ursprünglich aus Dalmatien stammende (Wein) Bauern, die vor allem im Norden der Südinsel leben

und die Andern

● **Aussie, Ocka, Ozzie** allesamt sind natürlich Australier, Kiwis halten sie für etwas ungehobelt. Aussies belächeln dafür die Kiwis als Habenichtse (was Ressourcen, Landmasse, Bevölkerungszahl betrifft)

● **Pom/Pommie, Tommie, Bastard** * wenig schmeichelhafte Ausdrücke für Engländer

Für viele Einwanderer gibt es abwertende Ausdrücke, die jeweils von den anderen Volksgruppen benutzt werden. Hier die verbreitetsten:

● **Chinks** * = Chinesen

● **Frogs** * = Franzosen

● **Itie** * = Italiener

● **Wog** * (**W**orthy **O**riental **G**entleman) = alle Dunkelhäutigen, Farbigen

● **Choppers** * = eine Variante davon: malaysische Studenten an Universitäten in NZ, eigentlich: Zähne.

Haere mai

-Maori-Ausdrücke

Pakeha: Das sind wir Weißen, die im Grunde keine Ahnung haben von **Maoritanga** (= Maori-Kultur, Bedeutung). Die ursprünglichen Siedler gaben sich nicht mit einer Kultur ab, zu der auch das Verspeisen von Menschen gehörte. Aber erstens haben die Maori seit über 100 Jahren niemanden mehr gegessen, zweitens erwies sich ihre Kultur als sehr differenziert und vielschichtig. Heute haben viele **Pakeha**, womit in erster Linie die weißen Kiwis gemeint sind, ein echtes Interesse an dieser polynesischen Kultur entwickelt.

Die Maori mit ihrer anderen Arbeitsethik gehören zu den Ärmeren in Neuseeland, der Anteil der Arbeitslosen unter ihnen ist höher, auch die

Probleme, die damit einhergehen. Sie mögen gegenüber vielen **Pakeha** mißtrauisch sein. Wer aber Zugang zu ihnen findet und sich für ihre Art zu leben wirklich interessiert, kann mit warm-herziger Aufnahme rechnen:

Haere mai	Willkommen,
Haere ra	Auf Wiedersehen
Kia ora	Auf Wiedersehen, viel Glück, danke
Tena koe	Hallo! Auf Wiedersehen!
	sind die meistgehörten Maori-Grußformeln.

● Ein richtiges Begrüßungsritual ist aber viel komplizierter. Um z.B. in das Versammlungshaus eines Clans, das **Marae** (womit in erster Linie der Zeremonienplatz vor dem Haus gemeint ist) eingeladen werden zu können, muß der Fremde sich erst einem umfangreichen Begrüßungs- und Aufnahmeritual unterziehen. Ist man aber einmal aufgenommen, ist man gewissermaßen Teil des Clans und kann jederzeit ins **Marae** und dort auch übernachten.

● Es gab ursprünglich vieles, was **tapu** war, verboten, heilig: Tabu, das waren bestimmte Orte, z.B. Friedhöfe, aber auch Köpfe und **Tohunga** (= Zauberer, Priester). Solche traditionellen Begräbnisplätze gibt es noch viele, und manche Straße macht einen Umweg darum.

● Ein Maori-Begräbnis heißt **tangi**, was eigentlich Trauern, Wehklagen, Weinen bedeutet.

● Touristen, vor allem in Rotorua, nehmen gern an einem **Hangi**-Festmahl mit Maori-Folklore teil, meist werden die Zutaten aber nicht (traditionell) im Erdofen gegart, sondern in der Hotelküche zubereitet; danach gibt es dann diverse Tänze, **Haka**, darunter auch die wilden Verteidigungsgesänge.

● Fast alle Touristen bringen sich einen Jade-("*green stone*")anhänger als Souvenir mit, meist einen **Hei-Tiki**, eine weibliche Figur. Früher waren das faustgroße Anhänger, die als Fruchtbarkeitssymbol dienten, heute sind sie mitunter nur daumennagelklein und werden allgemein als Glücksbringer angesehen.

● Kunstvoll sind auch die Knochenschnitzereien und die Schnitzereien aus der **paua**-Muschel (**Haliotis**), deren Innenseite mit Perlmutt überzogen ist und deren Fleisch in den Take-away-Lokalen oft paniert angeboten wird.

●Der Alltag aller Kiwis ist durchsetzt mit Maori-Ausdrücken, viele Pflanzen, Fische und anderes Getier, Früchte, einheimisches Gemüse und die meisten Orte haben die ursprünglichen Namen der ersten Besiedler beibehalten. Auch sonst wird die Sprache heute gern mit **Maorismen** durchsetzt, ist man doch mittlerweile stolz auf diese Besonderheit und darauf, wie gut die Maori-Kultur - im Gegensatz zu der der **Abos** in Australien - in **Godzone** integriert ist. Viele Maori denken allerdings weniger schmeichelhaft darüber. Aber man bemüht sich in der Tat. Im Fernsehen hört und sieht man täglich Maori-Sendungen.

Weitere Maori-Wörter

Ara	Weg, Straße
Ariki	Oberhäuptling, heute: Gott
Aroha	Liebe, Mitgefühl
Atua	Gottheit, Geist
Awa	Fluß, Tal
Hapu	Stammesgruppe
Hongi	Maori-Gruß: Aneinanderdrücken der Nase
Hui	Stammestreffen, Versammlung
Ika	Fisch
iti	klein
Iwi	Stamm
Kainga	Siedlung, Haus, Heim
Karakia	rituelle Gesänge
kino	schlecht
Mana	Prestige, Ansehen, Autorität, bes. Fähigkeit, übernatürliche Kraft
Manu	Vogel
Mauri	Leben(skraft)
Maunga	Berg
Moana	Meer, See
Moko	Tätowierungsmuster
Motu	Insel
Ngakau	(Maori-)Herz, Gefühl, Stolz, Einfühlungsvermögen
noa	gewöhnlich
Papa	Erde
Patu	Keule, Waffe
Piupiu	Hüftrock aus Flachs
Pounamu	Jade, *Greenstone*
Puke	Hügel
Rangi	Himmel
Reinga	Totenwelt
Roto	See
Tane	(Ehe-)Mann
Tangata	Mensch, Volk
tapu	ungewöhnlich

te	der, die, das
Umu	Erdofen
Utu	Gesetz der Gegenseitigkeit, Vergeltung
Wai	Wasser
Waiata	Lied
Wairua	Seele, Geist
Wahine	Frau, Mädchen
Waka	Kanu
Whakairo	Schnitzkunst
Whare	Haus
Whenua	Land

Maori-Ausdrücke rund ums Essen

Rund ums Essen, **kai**, gibt es eine Menge Ausdrücke, die von den Maori übernommen wurden, z.B. Zutaten, die die Besiedler im Land vorfanden: **puha** spinatartige Sumpfpflanze; **kumara**, beliebte Süßkartoffel, früher das Grundnahrungsmittel der Maori

Viele Arten von **manu** (= Vogel), und **ika** (= Fisch), **hua whenua** (= Früchte der Erde, also auch Gemüse), haben ihre Maori-Namen beibehalten, z.B. die **huhu**-Larve, die roh gegessen wird.

Für uns wohl appetitlicher ist das berühmte **Hangi**, das Touristen meist nur in Gestalt eines Hotel-Hangi in **Rotorua** kennenlernen, wo es nicht, wie es sich gehört, im Erdofen zubereitet wird: In einem Erdloch werden Flußsteine erhitzt, darauf legt man das in Blätter gewickelte Essen, meist Fleisch, Kumara und anderes Gemüse, darauf kommen Blätter und Gestrüpp. Dies wird mit Wasser besprenkelt, mit Erde zugedeckt und festgetreten. Nach einiger Zeit ist alles gar und wird herausgeholt. Diese Art zu kochen ist überall im Pazifik-Raum verbreitet, selbst in Peru. Dort heißt es *"pachamanca"*, in Melanesien *"bougna"*.

Living in the big smoke

Wohnen in NZ

Entweder man wohnt im **big smoke** (Großstadt) in einer Wohnung bzw. einem Appartment (**flat**, nur wirkliche Luxusappartments werden als solche bezeichnet) oder aber - und das sind rund 70% aller Neuseeländer - sie wohnen im Eigenheim in den sich weit ausdehnenden Vororten einer **City**, das sind Städtchen mit mehr als 20.000 Einwohnern. Wenn's geht, haben sie zusätzlich noch irgendwo draußen ein Wochenendhäuschen an einem See, am Meer, in den Bergen oder sonstwo: **bach** (ausgesprochen wie: *batch*) sagt man dazu auf der Nordinsel, **crib** auf der Südinsel.

Die Eigenheime sind oft eingeschossig, im Bungalow-Stil, aus Holz gebaut, sie heißen meist **villa**, sind äußerlich aber weitaus bescheidener als deutsche Gegenstücke. Manche teilen sich ein Haus, leben also in einer Doppelhaushälfte, **semi-detached** auf einem vielleicht hübschen Baugrund (**section**) erworben durch einen Makler (**land agent**). Manche haben ihr Haus nicht an der Straße sondern in der Reihe hinter den zur Straße gelegenen Häusern, das sind **leg-ins**.

In der Großstadt gibt es aber auch Eigentumswohnungen, **own-your-own**. Wenn jemand Haus- oder Grundbesitz hat, heißt das **property**, der Besitz. Ein besonders hübscher Besitz ist für die, die es sich leisten können, eine **gentleman's residence**, das sind stattliche Steinhäuser, zweigeschossig, oft noch aus der viktorianischen Ära. Gibt es mehrere solcher Häuser in der Nachbarschaft, ist es sicher eine **pluty neighbourhood**, kein Ort für arme Leute. Wollt ihr irgenwohin einziehen, **shifting**, denkt daran: Bei **northern exposure** habt ihr's behaglich warm, das ist nämlich die Sonnenseite. Baut ihr euch euer eigenes Heim, ist es hoffentlich **just like a bought one**.

Um das Haus herum gibt es meist etwas Grün, da zahlt es sich aus, wenn man ein grünes Händchen, **green fingers**, hat. Zum Garten gehören manchmal - ja auch bei den Kiwis - **garden gnomes** (Gartenzwerge) und ein Platz zum Wäschetrocknen, **drying green**.

Jedes Haus, das was auf sich hält, hat eine **lounge**, ein Wohnzimmer, das auch **family room** genannt wird, wenn es als solches benutzt wird. Oft dienen *lounges* vor allem dem Empfang von Gästen. Zu jedem Haus gehören die Örtlichkeiten, für die es typischerweise mehrere Namen gibt, gemeint ist nicht das Bad, **bathroom**, sondern z.B. **lav**, **toilet** (neutral), **loo** (bevorzugt von Frauen), **dunny**; **grot*** oder **bog***, die vulgären Varianten. Toiletten sind in NZ meist keine gemütlichen Örtchen: Sie sind nicht geheizt und das **toilet paper**, hat nicht selten die Qualität alter Zeitungen. Überhaupt die Heizung: Schlafzimmer bleiben nachts kalt (kenne ich von zuhause), Zentralheizung ist die Ausnahme, häufiger ist **fire**, was auch elektrische Heizkörper meinen kann. Apropos Bad: Das Badewasser läuft nur unter physikalisch exakten Bedingungen im Vergleich zur Nordhälfte verkehrt herum in den Ausguß aus, aber normalerweise sind "Störfaktoren" wirksam.

"Please turn up the air conditioning" meint manchmal das, was wir darunter verstehen, aber häufiger: "Dreh die *Heizung* auf".

Weniger gemütlich ist's im **washhouse** bzw. der **laundry**, das eine ist die traditionelle, die mit dem Waschkessel **(copper)** das andere die moderne Waschküche mit Waschmaschine. Getrocknet wird draußen, danach kommt die Wäsche an einen Platz neben dem Heißwasserbehälter, diese Prozedur heißt: **air the washing.** Im Herd gibt es übrigens oft - wie in den alten Bauern- oder Almherden - eingebaute Wasserbehälter, in denen das Wasser ohne Zusatzkosten heiß wird, the **wetback.** Praktisch, wie die Kiwis nun einmal sind, haben sie sogar **wetback destructors** zusätzlich zu den gewöhnlichen **destructors.** Das eine ist ein Müllverbrennungsofen mit integriertem Heißwasserbehälter, das andere ein purer Müllzerstörer (gemeint ist brennbarer natürlich). .

In der kalten Jahreszeit gibt's zum Bettwärmen die **hottie**, Wärmflasche (oft mit selbstgestrickter Hülle), und zum Zudecken die Daunendecke, **eiderdown.** Man kann sich freilich auch noch anders wärmen, aber davon ist erst später die Rede.

pop

"Pop this in the fridge for me, will you?"
Würdest du mir das bitte in den Kühlschrank stellen?

"I'm going to pop the kettel on."
Ich mach' schon mal heißes Wasser (für den Tee natürlich).

"I'll just pop out and get the washing in."
Ich geh' mal eben raus und bring' die Wäsche rein.

Ein vielseitiges Wörtchen dieses **pop!**

Begriffe aus dem Haushalt:

tranny	Transistorradio
telly	Fernseher
goggle box	Fernseher
white goods	die (traditionell) weißen Geräte: (Kühlschrank, Waschmaschine, Herde, etc.)
Califont	Boiler
globe	(Glüh-)Birne
Slikka Pads	Kühlelemente
Coolibah	Kühlbox
gig lamps	Brille
brolly	Regenschirm
seats	Sitzelemente, Kissen, etc.
wardrobe	Kleiderschrank
clothesgrips/pegs	Kleiderhaken
humpty	Sofa
low/tallboy	niedrige/höhere Kommode
duchesse	Frisierkommode (mit Spiegel)
bottom drawer	Platz für die Aussteuer
glory box	Platz für die Aussteuer
range	Küchenherd
oven tray	Kuchenblech
hot points	Steckdosen
switches	Schalter (nach oben: aus)
Snootex	Synonym für *Tissue*
torch	Taschenlampe
Wellingtons	Gummistiefel
scratcher/grunter	Liege
vacuum tube	Innenteil der Thermoskanne
Biro	Kugelschreiber
match	Streichholz, Spiel
tea chest	Teekisten, praktisch bei Umzügen etc.
tea towel	Geschirrtuch
face flannel	Gesichtstuch
tea towel	Küchenhandtuch

kitchen tidy	Abfalleimer
local rag/Saturday paper	Wochenendausgabe der Zeitung
jug	(a) Einliterkrug Bier, den man sich mit der gewünschten Zahl Gläser an der Theke bestellt; (b) elektrischer Heißwasserbereiter, der zu jedem Haushalt gehört.
tin	Dose
rubbish	Abfall, Müll
tip	Abfallhaufen
jandals	Sandalen
toby	Hauptventil
watching the dicky bird	Foto machen lassen
pram/sulky	Kinderwagen

Versammlungshaus eines Clans, das **Marae**

No piss in the hand

- Lernen und Studieren in NZ

Lernen beginnt bekanntlich von Geburt an, erst zuhause, dann in der Krippe, **creche**, danach im Kindergarten, **kindy**. Dorthin gehen die 3-5jährigen Kinder zwei halbe Tage pro Woche. Kindergärten sind kostenlos; sie unterstehen der **Free Kindergarten Association**. Neben den staatlichen gibt es auch kooperative Kindergärten, **playcentres**, die von ausgebildeten Eltern, **playcentre supervisors**, geführt werden. Auch dorthin gehen die Kinder nur zwei bis drei halbe Tage.

Danach geht es weiter mit der **Primary School**, die manchmal auch **Normal School** genannt wird, daran schließt sich die **Secondary School** und das **College** an. Folgendermaßen verteilen sich die Klassen und zugehörigen Altersstufen:

Primers 1,2,3,4 (Alter: 5-7),
Standards 1,2,3,4 (7-11),
Standards 5,6 bzw. **Form 1,2** (11-13),
Forms 3,4,5,6,7 (**College**) (13-18).

Lehrer heißen **masters**, die Rektoren **headmasters**, die so selbstherrlich wie Kapitäne regieren dürfen. Aushilfslehrer sind **relief teachers**.

Lehrer werden am **Teacher's College** in einem 3-Jahres-Kurs ausgebildet; nach bestandenem Examen gibt es das **Teaching Certificate**. Lehrer unter 30 müssen einen 3-jährigen **country service**, Dienst auf dem Land - in Zwergschulen nur 2 Jahre, ableisten. Da auf dem Land das Wohnhaus gestellt wird, zu dem manche Annehmlichkeiten gehören, kehren manche Lehrer vom *country service* nicht mehr zurück.

Die Gewerkschaft der Mittelsstufenlehrer ist die **Post Primary Teachers Association (P.P.T.A.)**, die recht militant ist.

Wenn der Tag zu schön ist, denken sich manche: **I'm going to wag school today** und schwänzen die Schule. Dafür könnte es für Buben (Mädchen höchstens unter zehn) unfreiwilligen Kontakt mit einem **strap**, Lederriemen, auf die Hände oder mit dem **cane**, Stock, auf den Po (Mädchen nie) geben. Wenigstens einmal im Schülerleben solchermaßen behandelt zu werden, gehört nach Auffassung vieler männlicher Schüler irgendwie dazu.

Zwei Begriffe zum Entfernen von Geschriebenem:

duster = Tuch oder Schwamm zum Tafelabwischen

rubber = Radiergummi (das Wort meint in den USA ein Kondom (*"Can I borrow your rubber?"* - peinlich, peinlich)

Zum Nutzen der Schule (oder Kirche) am Ort gibt es manchmal **jumble sales**, mit Kram, der von den Eltern gestiftet wurde. Für jüngere Mädchen gibt es eine beliebte Freizeitbeschäftigung, falls sie nicht **girl guides**, Pfadfinderinnen, sind: sich einer Truppe von 10-50 **marching girls** anschließen; solch eine Truppe gehört in fast jedes Kaff. **Uniformen** tragen in Neuseeland alle Mittelstufe-Schüler, grau in grau bis zur *Form 5,* dann etwas eleganter mit Blazer, Kravatte und langer Hose bzw. Rock.

Am Ende der *5th Form* heißt es **swotting**, büffeln, denn dann geht es um das **School Cert**. Um in den (bis zu 6) Fächern eigener Wahl die jeweilige Prüfung zu bestehen, müssen die Schüler 50% aller Schüler im Lande hinter sich lassen. Die Prüfungen können wiederholt werden. War die Prüfung leicht, war es ein **piss in the hand**.

● Der/die Klassenbeste in der letzten Klasse, der *7th Form,* wird **dux**, Führer, genannt. In dieser Klasse gibt es ein Examen, das **Bursary** genannt wird: Wer zu den 4% besten gehört, bekommt ein kleines zusätzliches Taschengeld zum Universitätsstipendium.

● Die Schüler achten untereinander auf Disziplin, die dafür zuständige Schüler-Miliz sind die **prefects**, mit dem **head prefect** an der Spitze.

● Männliche Absolventen eines College sind die **old boys**. Das **old boy network** ist aber keine dazugehörige Organisation sondern meint soetwas wie "Vitamin B Cliquenwirtschaft" und ähnliches.

● *University* wird oft - wie bei uns - als **Uni** oder - für uns eher ungewohnt - als **varsity** bezeichnet. Dort gibt es Fakultäten, **faculties**. Ein Lehrstuhl ist ein **chair**, den ein **professor** innehat.

● Ein Fach studieren oder einen Kurs absolvieren heißt einfach: **to do....** Nach den Examen wird im Mai eine Woche gefeiert, **capping**, mit Paraden, schräger Dudelsackmusik, Besäufnissen und diversen Scherzen: Die Polizei pflegt dann ein Auge zuzudrücken. Zu den Abschlußfeiern gehören auch oft musikalische Darbietungen auf der Bühne, die nicht zimperlich sind. Das gilt auch für die zugehörigen Zeitungen, **capping mags/magazines**, die bisweilen recht obszön sind.

Rattle your dags

- arbeiten in NZ

Wie bei uns, arbeiten auch die meisten Kiwis nach eigenen Angaben fürs Finanzamt, das hier **Inland Revenue (IR)** heißt. Das unserer Lohnsteuerkarte entsprechende Formular ist das **IR 12**, und sicherheitshalber wird die Lohnsteuer schon im voraus vom Wochenlohn abgezogen; diese Steuer heißt denn auch sinnigerweise **P.A.Y.E.**. Was ihr ausgezahlt bekommt ist dann **nett**, netto. Vielleicht gibt es noch ein paar **perks** (= Job-Privilegien).

Zur richtig harten Arbeit, **hard yakker**, aber nicht nur dazu, gehört die regelmäßige **smoko**, die (Zigaretten-)Pause, die sich oft zur Brotzeit ausweitet; dementsprechend heißt sie dann auch **morning tea, coffee break** oder **afternoon tea**; eine Tee/Kaffeepause ist einfach ein **cuppa** *(= a cup of tea/coffee.)*

Do you have the makings of a hard grafter? Habt ihr das Zeug zum Malocher?

Weder am Wochenende noch an Feiertagen oder im Urlaub, aber ansonsten vormittags ereilt Werktätige und Schulkinder gleicher-maßen die mysteriöse **9 o'clock flu**, oder sie machen gleich blau **(take a sickie)**, aber nur einen Tag!. Die Schüler schwänzen stattdessen die Schule, **wag school**.

● Der Tag nach dem Zahltag wird offenbar von Maori, die nicht die Mittelklassen-Arbeitsmoral der *Pakehu* teilen, gern zu einem zusätzlichen Feiertag erklärt, darum heißt er im Volksmund **Maori holiday** *.

Hier aber noch ein paar Durchhalteparolen:

Try it on!	Versuchs mal!
flat out, flat stick	mit aller Kraft und ohne Unterbrechung
Rattle your dags!	Beeil dich, mach zu
Muck in!	Beeil dich! Mach voran!
Have you done your messages?	Hast du deine Aufträge erledigt?
buggering around	herumtrödeln
muck around, muck about	herumhängen, herummurksen
fart arsing around	lahmarschig sein
muck up	Durcheinander
dog's breakfast	schreckliche Unordnung, was auch auf den eigenen Gesichtsausdruck zutreffen kann:
he looks like a dog's breakfast	nämlich schrecklich (verkatert) oder übermüdet.
clerk	Angestellter
cushy job	leichte Arbeit
charge hand	Vorarbeiter
dustman	Müllarbeiter
bush carpenter	kein Beruf, aber eine Haltung: Wichtig ist, daß das Trum funktioniert und hält, nicht wie es aussieht.
bushwacker	Leute, die im Busch arbeiten
offsider	Partner, meist Juniorpartner
getting sacked	gefeuert werden
to be sent down the road	gefeuert werden
screw	Gehalt

Wenn der Job gut aber das Visum abgelaufen ist und jemand immer noch im Land ist, wird er/sie zum **overstayer**, was Kiwis nicht gern sehen.

Paddocks and Wop-Wops

- Landwirtschaft

Wo sind die **Wop-Wops?** Ganz einfach: Wenn jemand eine Stunde von der nächsten Siedlung entfernt wohnt und der Nachbar nur selten auf dem Pferderücken oder Motorrad zu Besuch kommt, dann lebt er mittendrin. Das neuseeländische Hintertupfing, regional auch **Whykickamoocow** genannt. Und der typische Bauer ist **Fred Dagg**, eigentlich ein Komödien-Charakter. Wer im Süden (Southland) frisch vom Land kommt ist **off the turnips**, frisch aus den Rüben.

Landwirtschaft bestimmt das Leben der meisten Kiwis. Da ist es gut, wenn ihr unterwegs mitreden könnt:

● **A&P Shows** sind dazu ein unterhaltsamer Einstieg. Sie werden von der Landwirtschafts-und Weide-Gesellschaft (**Agricultural and Pastoral Society**) veranstaltet. Am **Show Day**, meist ein Freitag, dem ersten der normalerweise 3 Tage dauernden Schau, ist alles auf den Beinen. Ämter und Geschäfte haben zu. Es werden landwirtschaftliche Maschinen, neue Düngemittel, preisgekröntes Gemüse oder Zuchtbullen vorgestellt. Zum Vergnügen gibt es Rodeoveranstaltungen, Schafschurwettbewerbe, Polo-Spiele, Karussells für Kinder u.a.m. Etwas für die zahlreichen Schlechtwettertage (bei Regen Gummistiefel, **gumboots**, mitbringen), aber nicht nur dann.

● **Golden Shears** ist die jährliche, in Masterton (nordöstlich von Wellington) ausgetragene nationale Schafschurmeisterschaft. Da geht es um Schnelligkeit, saubere Arbeit (keine Verletzungen der Tiere). Die Champions erledigen bis zu 20 Tiere in der Stunde.

station das übliche Wort für einen Bauernhof

cocky Bauer, es gibt Rinder-, Schaf- und andere Bauern, aber nur die mit den Kühen werden gesondert bezeichnet als

cow cockies, ansonsten werden Kakadus mit "**Cocky**" angeredet

run holder Bauern, die das Land gepachtet haben

paddocks sind alle Arten von Weiden, die allesamt eingezäunt sind. In Neuseeland ist mehr Grasland eingezäunt als bei uns.

Fencing

ist dementsprechend das Einzäunen. Es gibt darauf spezialisierte Firmen, aber jeder *Cocky* muß das auch selbst können. Meist wird **number 8 fencing wire** dafür hergenommen (halb so dick wie ein Bleistift).

Taranaki Gate

ist eine einfache Methode, eine Toröffnung in einem Weidezaun anzubringen, benannt nach dem Berg Taranaki, Mt.Egmont, in dessen Umgebung fruchtbares Acker- und Weideland liegt. Bei uns gibt es auch solche Öffnungen, erkenntlich an zwei Zaunpfählen, die mit Drahtschlaufen verbunden sind. Nach dem Öffnen unbedingt wieder schließen: Den Torpfahl erst unten in die Schlaufe stecken dann oben in Richtung zur oberen Schlaufe ziehen.

cattle stops
Unterwegs auf den Landstraßen gibt es öfters - wie in den Alpen - Viehsroste: Schienen in etwas über 10cm Abstand, in denen sich die Hufe verfangen würden, weshalb das Vieh es vorzieht, nicht hinüberzuwechseln.

Rinder

Wo wir gerade beim Rindvieh sind, von denen es über 12 Millionen in NZ gibt, hierzu ein paar passende Ausdrücke:

Friesian
unsere Holsteiner Kühe, wurden nach dem 1. Weltkrieg umbenannt, weil das wohl zu deutsch klang.

bobby calf
ist das milchentwöhnte Kalb.

milk shed
ist der moderne Kuhstall, in dem maschinell gemolken wird; manchmal macht das nicht der Eigentümer der Viecher sondern der

sharemilker,
der die Kühe betreut und melkt und entweder von der Milch oder von dem Erlös einen Anteil bekommt.

milk treatment station	Molkerei
stock agent	Viehhändler
stock	Viehbestand.

Neben Rinderzucht gewinnt auch das **game** bzw. **deer farming** an Bedeutung: Hochwild wird auf eingezäunten Weiden für die Produktion von "Wildpret" gezüchtet.

Für die Zucht von Nachwuchs an Rindern und Pferden, gibt's den **service**: Den leisten Bullen für Kühe und Hengste für Stuten; bei den Schafen heißt es **tupping**.

Wie überall in der Landwirtschaft wird auch in Neuseeland reichlich gedüngt, und zwar vor allem mit **super** (= *superphosphate*); stammt zumeist von den Guano(Vogeldung)-ablagerungen auf der Pazifikinsel Nauru. Der Dünger, **manure**, wird bevorzugt mit Hilfe der fast allgegenwärtigen kleinen Flugzeuge verstreut. Das ist das **(aerial) top dressing.**

Abfall auf dem Land kommt in das **offal hole** (etwa 10 m tiefes Loch, mittels eines gigantischen Bohrers ausgehoben; oben drauf kommt ein Betondeckel, fertig ist das Abfallloch, in das der NZer von Küchenabfällen über tote Schafe bis zu leeren Batterien alles wirft).

●Unterwegs heißt es auf Schildern nicht selten: **"No Tipping"**. Das bedeutet dann nicht, daß ihr kein Trinkgeld verteilen sollt (diese Sitte ist zum Glück in NZ bisher nicht verbreitet) sondern, daß dort kein Abfall abgeladen werden darf.

Schafe

Am wichtigsten in der Landwirtschaft sind die **Schafe**, von denen es über 70 Millionen gibt, mit denen sich die **sheep-cockies** unter den 3 Millionen Neuseeländern beschäftigen (bei uns ist das Zahlenverhältnis fast genau umgekehrt). Sie liefern Fleisch, Wolle und Häute für **Godzone's** Bruttosozialprodukt.

sheep station	Schaffarm
rouseabout	Gehilfe auf der Farm, besonders bei Schafschur
woolshed	Schafscherstall, Woll-Lager
ewe	(ausgesprochen wie *you)* = Mutterschaf
two toothed ewe	ist das zweijährige Schaf, im besten Zuchtalter.
Merino	das Schaf zur gleichnamigen Wolle, sehr gefragt, vor allem auf der Südinsel gezüchtet

Hammel leben nicht lang: Sie werden meist als Lämmer geschlachtet, nur einige überleben als Zuchthammel oder Wollieferanten. Junghammel heißen **hoggets**.

dag
der am Hinterteil angetrocknete Schafskot oder ein Scherzbold mit Galgenhumor **"What a dag!"**

crutching
ist die Entfernung von trockenem Kot aus der Gegend des After **(groin)**.

Mountain oysters
die Hammelhoden, gelten übrigens als Delikatesse.

muster
Herdenauftrieb.

drench
orale Verabreichung von Medizin für's Viech mittels einer Art Wasserpistole, durch einen Schlauch mit einem Behälter, der auf dem Rücken getragen wird, verbunden.

grassgrubs / grubs/porina
das sind gefrässige Insektenlarven auf den Weiden, gegen die Bauern einen Dauerkrieg führen. Erfolgsversprechend ist das Versetzen von Styroporkugeln mit dem Reizstoff der Weibchen, auf die sich die Männchen dann stürzen. Ja, einfallsreich sind die Kiwis zweifellos.

Lambing, die Jahreszeit, in der alle guten Farmer draußen sind und ihren Schafen beim Gebären, hoffentlich von Zwillingen, helfen.

Zwei von einer Reihe von Sprichwörtern, die aus dem Leben einer Schafzüchter-Nation geboren wurden:

"A lamb is a sheep before you have carried it very far"
Ehe wir uns versehen, werden aus Kindern Erwachsene.

"Red sky at night, Shepherd's delight.
Red sky in the morning, Shepherd take warning."
Wir haben dieselbe Regel in bezug auf Abend- und Morgenrot.

Hunde

Dogs - für die Kiwis auf dem Lande kein schwanzwedelndes, hoch-gepäppeltes Haustier sondern ein unverzichtbares Arbeitstier, das ebensowenig in die Wohnung gehört wie ein Traktor oder Pferd; billiger als ein Motorrad, stets geduldig und unbeeindruckt von den üblen Fluchschwällen, die sich über sie regelmäßig ergießen.

Eye-dog/Strong-eyed dog

Hütehund, der Schafe und anderes Vieh lautlos und mit hypnotischem Blick vorantreibt; er darf *nie* bellen, tut er's doch, wird er erschossen!

Huntaway

noch eine Art Hütehund, der laut bellend Schafe, Kühe und neuerdings Ziegen oder Rehe treibt. Wie der Name sagt, rennt er weit in der Gegend herum und spürt die verstecktesten Lämmer auf und treibt sie dann zur Herde zurück; er sorgt für die grobe Hütearbeit, der stumme Kollege besorgt die Feinarbeit.

Alsatian

ist unser Deutscher Schäferhund, der in NZ als tendentiell bösartig gilt, was vielleicht auf seinen Einsatz als Polizeihund zurückzuführen ist?

Dog-trials, eine weitere der speziellen Kiwi-"Sport"arten, mit Fernsehübertragung der Endkämpfe: Hunde und ihre Meister beweisen, wie gut sie zusammenarbeiten; sehenswert!

"Get in behind!" = Kommando für einen Hund, aber auch (scherzhafte) Aufforderung, auf der Hut zu sein und seinen Platz einzuhalten.

● Herumstreunende Hunde werden übrigens von Mitarbeitern der **Society for the Prevention of Cruelty to Animals** (wie der Tierschutzbund in NZ heißt), den **dog rangers** (= Hundefänger) aus dem Verkehr gezogen. Herumstreunende Hunde kann sich eine Schafzuchtnation nicht leisten.

sausage dog	Dackel
cat	Katzen in Neuseeland sind größer als normale Hauskatzen;
pussy	ist ein Kätzchen und keine Muschi (wie jeder Ami denken würde).
pong	übler Geruch, Gestank, auch z.B. starker Schweißgeruch
stroppy	störrisch, ungezähmt

(Freezing) Works

heißen die Schlachthöfe, in denen das Fleisch für den Export zerteilt und meist tiefgefroren wird.

Schlachthöfe, die für den Eigenbedarf operieren, heißen **abattoirs**, an die nicht ganz so strenge hygienische Bestimmungen geknüpft sind wie an die **works**, in denen für den lukrativen Export in islamische Länder, z.B. Iran, auch nach deren strengen Bestimmungen von dafür angestellten Moslems geschächtet wird (Ausblutenlassen der Tiere mit vorherigem Kurzgebet nach Mekka).

Die **freezing workers** gehören zu den bestbezahlten Arbeitskräften im Land, ein Trost für die extrem monotone und schwere Arbeit. Meist arbeiten sie neun Monate des Jahres und spannen den Rest aus oder verrichten leichtere Arbeiten.

Zu Beginn der jährlichen **season**, der Schlachtsaison von Oktober/ November bis etwa Juni, kommt es fast regelmäßig zu Streiks (**industrial unrest/British disease**), bei denen es natürlich ums Geld geht. Die Arbeiter haben eine Schlüsselposition, die Wirtschaft hängt davon ab, daß sie ihre Arbeit zeitgerecht beginnen. Sonst wird das Fleisch zu fett, das Futter rar, die Schiffe legen leer ab, etc. Die Leute wissen das.

Der lukrativste Arbeitsplatz in den *works* sind die **chains**, eine Art Fließband, wo jeder (umgekehrt zur Autofabrik), ein bestimmtes Teil entfernt.

Noch ein paar Wörter zur Landwirtschaft:

Gum digger, nach denen die erwähnten **gum boots** benannt wurden, förderten einst das Harz der Kauribäume zutage; dies war lange Zeit - vor dem Beginn der Viehzucht - Neuseelands Hauptexportprodukt. Es wurde für die Herstellung von Farben, Linoleum, etc. verwendet. Schöne Klumpen mit Insekteneinschlüssen ähnelten Bernstein. Heute werden Zahnärzte bisweilen mit diesem netten Namen bedacht.

Die **gum boots** bzw. **gummies** werden im *Southland* auch **Southland slippers** genannt. Sie gehören in jeden Haushalt zu jedem gehfähigen Familienmitglied.

●Gewächshäuser sind **glass houses.** Draußen wachsen jedoch, geschützt von hohen Windhecken, die hauptsächlichen Exportfrüchte, darunter auch die **Chinese gooseberries**, in der Welt besser bekannt unter dem clever gewähltem Namen **Kiwi**. Getreide heißt **corn**, was in den USA für Mais steht; dieser wiederum wird in NZ **Indian corn** oder **maize** genannt.

●**tree tomato** heißt eine als *Tamarillo* exportierte Baumfrucht, die aussieht wie eine Tomate aber etwa wie die Passionsfrucht (Maracuja) schmeckt.

Tiki-touring around

- unterwegs in NZ

Es gibt grundsätzlich vier Arten von Straßen: **dirt-, metal road** (Schotterstraße) **seal road** bzw. **tarsealed road** (asphaltierte Straße), die in die beiden Kategorien **Grade I** und **II** unterteilt sind. **Motorways**, Autobahnen, gibt es zwar auch ein paar, auf denen sind allerdings nur maximal 100 km/h zugelassen.

Rasen, **going like the clappers** , ist also nicht drin, **even if it could go like a bomb**, selbst wenn dein Wagen wie geölt abzischen könnte. Wer schneller als 100 fährt, **is doing the ton**. Aber eine Spritztour mit dem Wagen, **going for the burn**, kann trotzdem unterhaltsam sein, zumal manche der **booeye** (j.w.d.) Landstraßen **crooked as a dog's hind leg** (krumm wie die Hinterbeine eines Hundes) sind. Wenn es bergab geht, hindern manchmal **judder bars**, künstliche Bodenwellen, die zum Abbremsen zwingen, daß es zu schnell dahingeht (= **careering down the road**).

Verkehrsübertretungen werden von den Beamten des **M.O.T.** (Ministry of Transport), den **Traffic Officers**, geahndet. Die **pointsmen** regeln den Verkehr. Der Bürgersteig in der Stadt heißt **pavement** oder **footpath**, die Bordsteinkante ist der **kerb**.

● **Tiki-tour** ist eine Spritztour. Wenn euch jemand Löcher in den Bauch fragen will *("What are you doin' here?")* könnt ihr euch auf diese Weise einfach aus der Affäre ziehen: **"I'm just tiki-touring around."**.

Übrigens: **"A Kiwi's aim in life is two cars, a bach, and a boat."**

bike	Motorrad, nicht zu verwechseln mit **town bike**, dem Stadtflittchen (der meistgerittenen!): **but don't can off** = fallt nicht runter
bikie	ist der/die Motorradfahrer/in, meist Mitglied einer Motorradgang à la Hell's Angels
pushbike	ist das Fahrrad, nicht zu verwechseln mit dem
pushchair	dem Kinderwagen.
bomb	altes Auto, oder: scharfe Frau
crate	u.a. ebenfalls altes Auto
ute (von: *utility van*)	dasselbe wie *Pickups:* kleine Lkws, im ländlichen Neuseeland sehr häufig und nützlich
yank tank	ist ein Ami-Schlitten, dazu gehört die **V8 gang**, die bevorzugt in solchen Schlitten herumkurvt
truck	Die richtigen Lkws sind wie in den USA die **trucks**, deren Fahrer ist der **truckie**. Der gute alte **lorry** stirbt langsam aus.
(car)park	Parkplatz
motorcamp	Campingplatz
bowsers	Zapfstelle
petrol	Benzin
unit	Wellingtons S-Bahn
Nippon-clipon	die beiden Spuren, um die die **Auckland Harbour Bridge** dank japanischer Ingenieurskunst erweitert wurde (indem je eine Spur links und rechts angehängt wurde)
accelerator	Gaspedal
boot	Kofferraum (ansonsten: Stiefel)

bonnet	Motorhaube (ansonsten: Haube, "Dachstübchen")
dipstick	Ölstab (auch: Trottel, Idiot)
mudguard	Kotflügel
speedo	Tacho
toot	tuten, hupen
windscreen	Windschutzscheibe

Mit einer **puncture**, einem Loch im Reifen, gibt's einen **flattie**, Platten, dagegen hilft ein **spare tyre** und der **jack**, Wagenheber. Aber Vorsicht auf der Straße, damit es keinen **prang**, Auffahrunfall mit Dellen gibt. Dann ist das Auto kaputt, **stuffed** und muß zum **panel beater**, Mechaniker.

WOF, Warrant of Fitness: dem NZ-TÜV müssen sich die Autos alle 6 Monate unterziehen.

Und noch etwas amtliches Verkehrs-Kiwi:

SLIP	glatte, rutschige Stelle
FALLING DEBRIS	Steinschlag
SEAL ENDS	Asphalt endet
METAL ON ROAD	Rollsplit
NO EXIT	Sackgasse
Xing	Bahnübergang *(crossing)*
Peds Xing	Zebrastreifen
TOW AWAY ZONE	Falschparker werden abgeschleppt
CLEARWAY(7-9 a.m.)	Halteverbot (7-9 Uhr)
P 40	Parken, maximal 40 Minuten
GIVE WAY	Vorfahrt achten
L.S.Z.	Langsam fahren
FREE TURN	Abbiegen bei roter Ampel erlaubt

Entfernungsangaben von Ort zu Ort sind immer Entfernungen von einem **G.P.O.** *(General Post Office)* zum nächsten.

Totally bushed

- unterwegs in der Natur

Wie in Australien geht man weder in den Wald noch in den Dschungel sondern in den Busch:

bush	ist die NZ-Variante von unglaublich dichtem Urwald; kein Wunder, daß es heißt:
bushed	(a) erschöpft: **"He was so bushed he could hardly walk"** (b) verirrt: **"I looked for that mongrel and got bushed myself"** (Ich suchte nach dem Bastard und verirrte mich selbst)
to go bush	sich in den Busch verdrücken, bzw. seine Alltagspflichten, Freunde, Familie für unbestimmte Zeit hinter sich lassen und der Zivilisation entsagen; Natur ist ja in NZ nie weit weg.
Reserve	ist ein Stück Natur, das dem Staat bzw. der Krone gehört (**"crown land"**) und in dem nur mit Genehmigung gejagt und gezeltet werden darf.
bush telegraph	hat allerdings mit dem *Bush* nichts zu tun: Gerüchteküche

Wandern heißt in NZ **tramping** und ist das, was viele Touristen ins Land zieht, um dort einige der berühmten **Tracks** abzuklappern; am berühmtesten ist der *Milford-Track*, Kenner empfehlen den *Kepler-Track*.

• Für solche mehrtägigen Wanderungen empfiehlt es sich, fit zu sein, am besten **fit as a trout** (wie eine Forelle), wenn nicht, seid ihr schnell **stonkered** (= erschöpft). **I'm stonkered. Wasn't in condition to do the Routeburn Track as a free walk, and I should have bloody well known**

it." (Ich bin fertig! War nicht in der Lage, den R.T. ohne Führer zu gehen, und ich hätte es verdammt noch mal wissen müssen!)

- **free walk** (= unabhängig, führerlos gehen), eigenes Gepäck und Essen mitschleppen, etwas weniger bequem übernachten als auf einer geführten Begehung solcher Wege.
- Auf den geführten Touren, **sponsored/escorted walks** trägt der Führer Verpflegung, die er/sie auch zubereitet; die Teilnehmer tragen sich selbst, ihren Schlafsack und persönliches Gepäck.
- Statt Schlafsack ist auch eine **eiderdown**, daunengefüllte Steppdecke beliebt: Die sich da so warm hineinkuscheln, verachten allerdings auch eine Heizung im winterlichen Schlafzimmer.
- In der beißenden Kälte der Dreitausender trägt man als Kopfbedekkung die **balaclava**, Sturmhaube.
- Unterwegs könnt ihr - jedenfalls im vergletscherten Hochgebirge der Südinsel - Brocken von **greenstone** (Nephritjade) finden. Solltet ihr soviel Glück haben, wäre damit der NZ-Trip mehr als bezahlt.
- Für eine Handvoll Dollar könnt ihr euch das **Prospectors Right**, das Schürfrecht, erwerben und dann auf der Südinsel, z.B. in *Otago,* nach Gold buddeln.
- Touristen werden in manchen Gegenden (vor allem *Otago* im Süden) **loopies** genannt.

Wetter

Das **Wetter** bereitet Neuseeländern ähnliches Vergnügen wie uns. Temperaturangaben in der Wettervorhersage (**weather forecast**) werden "präzise" als : **cold, cool, moderate, mild** oder **warm** angegeben. Jeder weiß dann offenbar, was gemeint ist: je nach Lage an der 1000 Meilen langen Nord-Süd-Achse und je nach Jahreszeit.

● Bläst ein warmer Wind, kommt er aus dem Norden und heißt **northerly**; ist er recht kalt, ist's der aus der Antarktis heranwehende Südwind, der **southerly**.

● Ein Haus in Südlage, **southern exposure**, ist unbedingt zu vermeiden; umgekehrt spart's Heizkosten.

● **Regen** ist bekanntlich im Lande der Kiwis keine Seltenheit, aber es gibt nicht nur tagelange wilde Wetterstürze in den Hochgebirgen sondern auch freundlichere Schauer, einen **sun/summer shower**, wenn es trotz Sonnenschein etwas regnet. Fällt starker Regen, kann es zu Bergrutschen, **slips** kommen.

Jagen

Ohne Jagdlizenz darf man z.T. Reh-/Damwild, Wallabies, Opossums, Kaninchen, Wildschweine jagen. Angeln ist auch fast überall frei.

Wer auf Entenjagd geht, verschanzt sich hinter der Entenblende: **mai mai**; Vorsicht aber vor einem Parasiten in südlichen Seen, der den **duck itch** verursacht.

Wo wir gerade beim Thema sind, hier ein paar exotischere Varianten aus der Tier- und Pflanzenwelt Neuseelands:

- **Hu hu bug**

eßbare Larve großer Nachtfalter, die in umgestürzten, verrottenden Bäumen zu finden sind. Vor der Ankunft der **pakeha**, galten sie - lebend gegessen - als Maori-Delikatesse. Heute müssen sie höchstens mal anläßlich von **survival trainings** von den **Territorials**, den Wochenendkriegern, heruntergewürgt werden.

- **Mossie** *(Moskito)*
- **Possum** *(Opossum)*

eine katzengroße Beuteltierart, lebt auf Bäumen, wird wegen seines Felles geschossen, in Fallen gefangen, vergiftet, darf frei gejagt werden, weil es als Plage gilt, vermehrt sich dennoch lustig weiter;

- **Wallaby**

kleine Känguruhart, kommt vereinzelt auf der Nordinsel vor *(possum* und *wallaby* gehören eigentlich nach Australien);

- **Sandfly**

Es gibt zwar keine Giftschlangen und sonstiges gefährliches Getier (außer der leicht giftigen, aber gut am roten Rückenstreifen erkennbaren **Katipo**-Spinne), aber die Sandfliegen sind Neuseelands Touristenschreck, kommen gehäuft entlang der Westküste der Südinsel vor. Zur

Vorsorge sei empfohlen: eine größere Flasche DIMP (Insektenschutz) und zur fälligen Behandlung nach dem Stechen: CALOMINE LOTION (gegen Juckreiz).

● **Kea**

Ein Papagei, der im Gebirge der Südinsel lebt und mit seinem scharfen Schnabel auf der Suche nach Futter manchmal Zelte aufreißt oder sich mit den Gummidichtungen von Autos vergnügt; er ist laut und zutraulich, mit ihm verwandt ist der etwas kleinere, auf beiden Inseln vorkommende **Kaka** .

● **Weka**

Ein Waldhuhn, das gut laufen aber nicht fliegen kann, stiebitzt gern glänzende Gegenstände.

Nicht zu vergessen: Der eigentliche, wahre **Kiwi** ist ein flugunfähiger, nachtaktiver Vogel mit sehr kräftigen dicken Beinen zum Scharren und - natürlich Laufen, langem gebogenem Schnabel und schlechtem Sehvermögen. In Natur nur mit viel Glück nachts anzutreffen, tagsüber hält er sich versteckt;

● **White pointer**
ist kein Hund der Pointer-Rasse sondern ein Hai: Bei dessen Auftauchen ruhig an Land schwimmen!
● **Cuda**
nicht so niedlich wie es der Name vermuten läßt: ein Barracuda;
● **Blue Duck**
eine Entenart mit Schnurrbart am Schnabel, die bevorzugt in Gebirgsbächen und -flüssen lebt.
● **Seagulls**
Möven spielen in Neuseeland die Rolle, die Tauben anderswo innehaben, nur tun sie es aggressiver (auch die Bezeichnung für Gelegenheitsarbeiter auf der Werft);
● **Muttonbird** *(puffinus grisens)*
manche mögen die nach Hammel schmeckenden Jungvögel, ansonsten dienten sie früher als Öllieferanten für die Lampen im Südpazifik.

Exotische **Bäume** gibt es in NZ in großer Zahl, z.B. die *Douglas-Fichte* oder riesige *Redwood* usw., die wachsen erheblich schneller als die einheimischen Bäume, deren berühmteste die gewaltigen **Kauri** sind (bis 15 Meter Umfang, 50 Meter hoch, ausgewachsen mit 1500 Jahren); sie wurden im vorigen Jahrhundert als Bauholz exportiert, aus dem Harz gewann man Lacke und Linoleum (die Maori benutzten es für ihre Tätowierungen); heute sind sie geschützt, vor allem in *Northland* und *Coromandel* zu sehen.

● **Pohutukawa**, auch **New Zealand Christmas Tree** genannt, weil er zur Weihnachtszeit (mitten im Südsommer) rot blüht, ein schöner Kontrast zu den grünen Blättern.

● **Gorse** sind Dornenbüsche mit hübschen gelben Blüten, stehen oft am Straßenrand und - zum Leidwesen der Farmer - auf vielen Weiden; wie Unkraut überall läßt es sich nur schwer ausrotten.

Das **Meer** ist nie weit, auch dort könnt ihr nach Herzenslust angeln oder euch als **yachtie**, Segler, betätigen. Vielleicht in einer aus Beton selbstgegossenen **concrete yacht** kentern (**= can out**). Aber ihr könnt zum Baden natürlich auch in die **baths**, Schwimmbäder, gehen. Vergeßt dann nicht eure **togs**, Badeanzüge - Kiwis geben sich in dieser Beziehung prüder.

Poms bevorzugen anfangs noch das **English sunbathing**: das riskante Entblößen der Füße oder gar Unterschenkel. Wer gern ins Wasser springt, hat u.a. die Wahl zwischen **belly-buster** und **honey pot/bomb**, Bauchklatscher und Arschbombe, wie es bei uns heißt. Wer wie Enten taucht, also an der Oberfläche bleibt, beherrscht den **duck dive**.

Not the full quid

Geld

- **Quid** wurde einst das *Pound* genannt, heute sind das NZ $ 2,00 NZ.
- Bis 1967 galt das englische System mit *Penny, Sixpence, Shilling, Pound,* jetzt heißt es **Dollar** und **Cents.**
- 10 cents sind ein **bob**, früher wäre das *ein Shilling* gewesen.
- **Pennys** gibt es nur noch als Wertmünzen für Gasheizungen auf manchen Camping-Plätzen, den **motorcamps.**

- Wer viel Geld hat, **is in the big bickies** (wörtlich: große Kekse).
- Bei Minus auf dem Konto heißt es **overdraft**, Überziehung.
- Wer Geld nach allen notwendigen Ausgaben noch übrighat, hat **money for jam.**
- Das Sparbuch heißt **passbook**
- Wer pleite ist, ist **broke** oder **skinned** (= gehäutet)

● Wer dagegen viel **moolah** oder **loot**, Knete hat, hat **oodles of money**, ist stinkreich.
● Notorische Schnorrer, **bludger** mag niemand, aber wenn es nur um eine Zigarette geht, ist das o.k.: **"May I bludge a ciggy?"**
● Veruntreuung von Geldern als Angestellter heißt **theft as a servant.** Wer sich aus der Kasse ohne Beleg bedient, **tickles the peter.** Dafür könnte er ins Gefängnis, **gaol** gehen.
● Was teuer ist, ist **dear.**
● In NZ ist eine **Billion** dasselbe wie bei uns (in den USA entspricht es nur einer Milliarde), eine Milliarde heißt in NZ: **thousand million.**

Punting - Wetten

● **Punter** versuchen es meist mit Pferden. **"Rush out and buy a Tatts ticket!"** sagt man jemandem, der gerade eine Glückssträhne hat. **Tatts** ist die **Tattersall Lottery.**
● Anders als in Las Vegas sind Einarmige Banditen, **fruit machines**, in NZ selten.
● Werdet ihr zu einem Spiel namens **pontoon** eingeladen, ist das nichts anderes als **Blackjack/21, 17+4;** einigt euch vorher aber über die Werte der Karten.
● Beliebt ist auch **Snooker**, ein überdimensionales Pool-Billiard mit komplizierteren Regeln (kommt wahrscheinlich aus England, das bekannt für Spiele mit komplizierten Regeln ist).

Tolls - Telefonieren

Doppelte Ziffern in Zahlen werden als **double** angegeben. Beim Telefonieren sagt ihr etwa für 533700: *five, double three, seven, double O,* gesprochen:o(h). **Number**, wird abgekürzt als **no.**

● Die Telefon-Wählscheibe in **Godzone** ist - vermutlich einmalig auf der Welt - verkehrt herum angeordnet: 9 - 0. Versucht's also besser nicht blind aus Gewohnheit.

● **Local calls** von der Telefonzelle (**telephone box**) kosten nichts.

Für **toll calls**, Ferngespräche, wählt ihr den **operator** (0 bei national, 010 bei international) und nennt die Nummer.

● Bei Überseegesprächen sagt ihr **international**. Ihr werdet gefragt, ob die Person, die ihr anrufen wollt. Solche **Reverse Charge** bzw. **Collect Calls** sind praktisch: Ihr könnt ohne einen Cent Ferngespräche führen - Übersee eingeschlossen - vorausgesetzt, der/die gewünschte Teilnehmer/in antwortet auf die Frage des Operators: "**Are you willing to pay for the call?**" mit "**Yes, I am.**"

Are you being served?

Einkaufen

Einkaufen ist zeitlich noch enger geregelt als hierzulande: Üblicherweise von 9 - 17.30 Uhrhaben die Geschäfte geöffnet, samstags manchmal gar nicht, dafür in der Regel einen Tag in der Woche, dem **late night**, bis 21 Uhr. Am beliebtesten ist der Freitag; Einkaufszentren am Stadtrand wählen aus Konkurrenzgründen auch andere Wochentage. In Ausflugsorten sind stattdessen oft die Samstagvormittage geöffnet.

tomato	fast gleich geschrieben, aber anders ausgesprochen: eher wie unsere *Tomate*;
tomato sauce	ist kein Ketchup sondern tatsächlich Tomatensoße ohne besondere Gewürze.
beetroot	Rote Beete, gehört in jeden Salat.
silverbeet	kein Beet sondern eine Art Spinat
courgette	Zucchini
swedes	weiße Rüben
marrow	Kürbis
capsicum	grüne Paprika
stone fruits	Früchte mit Kernen, Steinen
goosegogs	Slang für Kiwi und Stachelbeeren
kumara	Süßkartoffel
puha	einheimischer Spinat
Delikatessen	teurer aber nicht viel besser als normale Lebensmittelläden
butchery	Metzgerei, Schlachterei
chemist	Drogerie, Apotheke
haberdashery	Kurzwarenabteilung
drapers/drapery	Geschäft für Bettwäsche, Handtücher, etc.
manchester department	Bettwäscheabteilung
mercers/mercery	Herrenkleidung (in die Tage gekommener Begriff)
shop assistant	Verkäufer/in

- **dairy**, der Tante-Emma-Laden, hat allgemein Mo - Sa bis 19 Uhr auf, oft 15 Stunden am Tag. Es gibt dort u.a. Milch, Eier, Käse, Gemüse, Konserven, Brot, Limos, Zigaretten, Zeitungen.
- Auf dem Lande ist das ganze Warenangebot des Ortes beim Krämer in den **general stores** vereint, oft in Kombination mit Tankstellen und Teestuben.
- Milch wird ans Haus gebracht, gezahlt wird mit **milk tokens**, Platikchips, die jeder Milchhändler für sich herstellen läßt; zu kaufen sind sie im nächsten **dairy**. Milch kommt in 600ml-Flaschen und ist zwar pasteurisiert aber nicht homogenisiert.
- Beim **fruiterer** gibt's frisches Obst und Gemüse.
- **Greengrocer** sind häufig chinesische Familiengeschäfte; angeboten werden u.a. Gemüse und Obst.

Bezahlen könnt ihr mit **credit card** (Zahlungsmittel Nr.1) oder **ready-cash**, in bar.

- Man kann Waren auch anzahlen und zurücklegen lassen: **lay-by**.
- **On the never-never** heißt dagegen Ratenzahlung.
- **Are you being served?** Werden Sie schon bedient?
- Wenn's heißt: **"We're getting down on..."**, dann geht bei dem betreffenden Produkt die Ware aus.

posh	luxuriös, schicki-micki
mates-rates	Freundschaftspreise
not worth a cracker	ist keinen Pfennig wert
oncer	einmaliges Angebot
garage sales	private Familien-Flohmärkte
flog	verkaufen oder stehlen (je nach Zusammenhang)
punnet	Obstschachtel (Nordinsel)
pottle	dasselbe auf der Südinsel
trundler	Einkaufskarren auf zwei Rädern
ciggies, fags, smokes	sind Zigaretten, Fluppen, Kippen

Clobber (Kleidung)

Es gibt kein schlechtes Wetter, nur unpassende Kleidung, das gilt gerade auch für NZ:

clobber	Klamotten, Kleidung (auch: Krimskram)
cardigan, cardie	Wolljacke zum Zuknöpfen (je südlicher desto häufiger)
jersey	Pullover zum Zuknöpfen
jumper, wolly	Pullover
mac(intosh)	Regenmantel
vest	Unterhemd, meist aus Baumwolle
waistcoat	Weste
strides	Hose
shorts	in Verbindung mit Kniestrümpfen, weißem Hemd, Schlips und Jackett die gepflegte Kleidung eines Kiwi-Businessman
singlet	Trikot, Unterhemd (ärmellos), die schwarzen werden von Bauern getragen
grunds	bequeme Männer-Slips
peter heater *	sind dasselbe, meinen aber: Eier-Wärmer
knickers	Damenunterhosen (bis zum Nabel reichend) **"Don't get your knickers in a twist!"** = Mach' dir bloß nicht in die Hosen!
undies	Schlüpfer
toning	farblich abgestimmt, passend
Witches Britches	Winter-Mädchenschlüpfer (war mal ein Markenname, der zum Sammelbegriff wurde)
sloggy long-long	Liebestöter
winter wollies	meist: wollene Unterwäsche
togs	Badehose/-anzug
nighty	Nachthemd, Negligé
dressing gown	Morgenmantel
suspenders	Strumpfhalter
easies	Hüftgürtel

braces	Hosenträger
pinny	Schürze
nappies, napkins	Windeln (nicht: Servietten, das sind **servietes**)
dinkie, hair grip, hair clip	Haarklammer (Friseure heißen übrigens immer **hairdresser**
sidebords	sind keine Möbel sondern Koteletten (Haare)
curley cues	Lockenwickler
gummies	Gummistiefel
jandals	Gummisandalen
sandshoes	Tennisschuhe
Charlie Browns	braune Schnürschuhe für Kinder

Tuck in that Kai

Essen - nicht nur Kiwis

Der Tag eines Kiwi läßt sich kulinarisch in 6 Abschnitte einteilen:

- **breckie** Frühstück (7.30 - 8.30 Uhr), gegessen wird Corn Flakes u.ä., Ei mit Speck, gebratene Tomate, im Winter Porridge mit Sahne.
- **morning tea / morning smoko** (ca.10 Uhr): 2. Frühstück
- **lunch** (12 Uhr), Salate, belegte Brote, *Pies*
- **afternoon tea / afternoon smoko** (ca. 15 Uhr): Nachmittagssnack
- **tea**: Abendessen;
- **supper**: 2. Abendessen, kurz vor'm Schlafengehen oder bei Abendeinladungen vor dem Weggehen, etwa zwischen 23.30 Uhr und Mitternacht serviert.
- Dazwischen gibt's noch unzählige **cuppa**, Tasse Tee oder Kaffee.

> **"Have a cuppa"** ist ein gutnachbarlicher Gruß und Einladung dazu.

- Eine Mahlzeit anderer Art ist das **wedding breakfast**, das Hochzeitsessen, das aber - wie es sich gehört - erst am späten Nachmittag oder frühen Abend steigt.

- **Goody-goods** sind alle guten, leckeren Dinge (für Kinder)
- **nosh up** ist eine Mahlzeit,
- **gut's** ein Vielfraß,
- **tucker** etwas Eßbares;
- "**tuck in!** heißt "hau rein";
- **bog in*** reinschaufeln (geht aber u.U. zu weit, ist zumindest nicht gerade vornehm);
- **scoff/snart** hastig essen, schlingen;
- wer **peckish** ist, muß eine Naschkatze sein und wird sich die Lecker-

bissen vom Teller herausfischen, bedeutet aber auch ganz einfach: hungrig

snavel all the tidbits heißt: alles verputzen

"2-4-6-8, bog in, don't wait" - das Kiwi-Tischgebet, auch **Kiwi-grace** genannt, ist an halbwegs vornehmen Tischen jedoch nicht zu hören.

Nach dem Essen ist man **chocka** (= randvoll) und bekommt mit seinen **choppers/gnashers** (Zähnen) keinen Bissen mehr runter, und es wird eine Weile dauern, bis man fähig ist, **to get down on the next tea**, die nächste Mahlzeit zu essen.

- **salt and pepper shakers:** die Streuer mit einem oder wenigen Löchern sind für Salz, die mit den vielen Löchern für Pfeffer (falls ihr's nicht von außen erkennen könnt)

Lokale

- An der Spitze stehen die **Licensed Restaurants**, in denen auch Alkohol ausgeschenkt werden darf, z.B. Weine einheimischer Provenienz.
- Eine Stufe darunter, vor allem im Preis, stehen die **Unlicensed Restaurants**, die ggf. zum **BYO** *(Bring your own* - gemeint sind eigene alkoholische Getränke gegen eine **corkage fee**, Korkengeld) einladen und selbst nur Nichtalkoholisches anbieten.
- In **Pubs** oder **Bistros** gibt es einfache Gerichte, oft Tiefkühl-kost, Gegrilltes u.ä. **Bistros** sind vor allem günstig für *Lunch.*
- In **Coffee Lounges** und **Tea Rooms** gibt es nicht nur Kaffee, Tee und Kuchen sondern per Selbstbedienung auch Herzhaftes, z.B. *Pies, Sandwiches,* u.ä.
- Reisende, die auf's Geld schauen müssen, kaufen sich die Snacks für unterwegs oft in den **Take-aways**, den Imbißläden, die normalerweise nur außer Haus zum Mitnehmen verkaufen.

Fast Food aus Take-aways:

bangers	Würstchen, auch: **snarlers**, beim Metzger sagt ihr aber besser: *sausages*
alpine sticks	Bockwürstchen
frankfurters	Bockwürstchen
cheerios	Cocktailwürstchen, auch **'little boys'**
hot dogs	paniert, am Stock in Tomatensoße getaucht
chippolatas	Schweinswürstl, aber anders gewürzt
dim sims	chinesische panierte Fleischbällchen
hamburgers	gibt es auch, schmecken aber etwas anders, wegen der Roten Beete? Mögt ihr die nicht, sagt rechtzeitig: *"No beetroot, please."*
chips	sind unsere Pommes oder Fritten, gemeinsam mit **fish** ergeben sie ein beliebtes Schnellimbiß-Gericht, das auch **shark & taties*** oder - noch abwertender - **greasies*** (von Schmiere) heißt
chippies	Kartoffelchips
rissole	Frikadelle ohne besonderen Geschmack;
filled roll	Sandwich, bestehend aus Hamburger-Brötchen, Salatblatt, roter Beete und Fleischscheibe, keine Delikatesse
sandwich	(benannt nach dem 4. Earl of Sandwich), auch: **sammie**, ist eine Scheibe wenig phantasievoll belegten Brotes.
doorstops	Sandwiches nach Ami-Art (üppig belegt).

Brot gehört nicht zu den Stärken von *Godzone,* meist ist es pappiges Weißbrot zum Toasten, oder weiche **bread/hamburger rolls.** Es gibt aber auch Vollkornbrot, **Vogel bread** (*Vogel, Reizenstein* sind bekannte Marken, auch alle, bei denen von *Swiss* die Rede ist). Brot gibt es in den Größen 350, 500, 700 gr. **One loaf** auf der Südinsel sind 350 gr, (ohne erkennbare Logik **quarter white** genannt) auf der Nordinsel das Doppelte.

meat & two veg ist ein Standardgericht mit Fleisch und 2 Gemüsesorten

bubble and squeak ist übriggebliebenes Gemüse, kleingehackt und in Butter gebraten

Fisch

- **John Dory** und **whitebait** sind zwei beliebte Speise-Fischarten, den ersten gibt's z.B. als Filet, den zweiten, weil er so winzig ist (fast durchsichtig mit deutlichen Augen) meist als **white bait fritters**, also als Omelette.
- **Leatherjacket** ist ein anderer schmackhafter Fisch zum Grillen oder Braten; den Namen hat er von seiner ledrigen Haut. Viele Fische werden als **cod**, Kabeljau, bezeichnet, aber nur der **Red Cod** bzw. **Hoka** gehört zur Kabeljau-Familie.
- Hai wird als **lemon fish** oder **flake** angeboten

Fleisch

barbie	wie bei den Aussies die Lieblingsbeschäftigung am (hoffentlich sonnigen) Sonntagnachmittag, auch: **BBQ** oder voll ausgeschrieben: *Barbecue*, die Grill-Party
grill	bedeutet wie bei uns grillen
grills	Gegrilltes
chook, chicken	Huhn, war früher das teuerste Fleisch, gibt's auch heute noch oft bei Einladungen
colonial goose	Hammelrollbraten mit Brotkrustenfüllung, ursprünglich Ersatz für die teure Gans
Belgium (sausage)	einfache Leberwurst (Südinsel), hieß vor dem 1. Weltkrieg *German sausage*
corned silverside/brisket	Corned Beef
seasoned topside	Rindfleisch mit Füllung (*topside* ist Braten-, Gulaschfleisch)
silverside	gepökeltes Rindfleisch, bei uns: Tafelspitz, mit Pellkartoffeln und Salat gegessen
T-bone	in NZ fehlt das Filet, **(fillet)** nur das **Sirloin** bleibt am T-Knochen
steak mince	Hackfleisch

Natürlich gibt's angesichts der vielen Schafe viel Lammfleisch, bzw. das etwas ältere, aber oft schmackhaftere **hogget**; eine Delikatesse sind die Hammelhoden, **mountain oysters** genannt. Lamm- und Rindfleisch sind am preiswertesten, Schwein ist oft zu fett. Günstig ist auch **venison**, Reh- bzw. Hirschfleisch, von gezüchtetem "Wild".

Fleischpasteten sind ein englisches Erbe; es gibt sie in unterschiedlicher Ausstattung und Größe; sie gehören zu den *take-aways* und werden u.a. in **pie-carts** verkauft, das sind als Imbiß-Stände ausgebaute Anhänger (wie bei uns).

mince pie	Hackfleisch-Pastete
steak and kidney pie	eine der schmackhaftesten Pie-Arten, zugleich einer der billigsten Imbisse in NZ
meat pie	Pastete mit Füllung aus Fleisch und Gemüse
dressed pie	wie *meat pie,* aber garniert mit Roter Beete, Erbsen und Kartoffelbrei
savoury pie	z.B. **bacon and egg pie**, eine ungewöhnliche Art Ei mit Speck zu servieren
pea, pie and pud	ein komplettes Gericht aus Pie, Erbsen und Kartoffelbrei

Getränke ohne Alkohol

Die gibt's trotz der Vorliebe für Bier und exotische, fertig in Pappcontainern gekaufte Mixgetränke.

- **Soft drinks** sind wie überall die Limos,
- **cordial** ist ein Sirup, der mit Wasser verdünnt getrunken wird, im Gegensatz zu den **fizzy drinks** (mit Kohlensäure) perlt's bei den *cordials* nicht.
- **Lemonades** sind Limos im eigentlichen Sinne.
- **'Lemon and Paeroa'** ist Mineralwasser mit Zitronengeschmack.
- **Shandy** ist Limo mit etwas Bier.
- Wasser wird in NZ normalerweise nicht zum Essen serviert. **On the ice** meint keine Eiswürfel im Getränk sondern im Kühlschrank gekühlt.
- **Iced tea** ist unüblich. Ansonsten ist Tea das beliebteste Getränk: Kiwis stehen im Pro-Kopf-Verbrauch von Tee an dritter Stelle der Weltrangliste.

Süßspeisen

fly cemeteries/ dead fly biscuits	wenig appetitlicher Ausdruck für **raisin biscuits**, (besteht zu 90% aus Rosinen)
lollies	Süßigkeiten, Bonbons, nicht nur Dauerlutscher
toffee apple	kandierter Apfel
candy floss	Zuckerwatte
Hundreds & Thousands	sind eine Süßigkeit anderer Art: die guten alten Liebesperlen
Golden Syrup	Markenname für Sirup zum Süßen.
Jelly	ist Konfitüre, Gelee.
Cinnamon	ist zwar Zimt, aber der mit dem kräftigen Geschmack heißt in NZ **cassia.**
ice-blocks	Wassereis mit Limo-Geschmack (Nordinsel)
quencher	ebenfalls Wassereis, auf der Südinsel
brown derby	Vanilleeis, in Schokolade getaucht
junket	eine Art Joghurt, Kinder essen's gern mit Früchten
cream	ist Schlagsahne, fettärmer ist **top of the milk**
pikelets	sind süße, kleine Pfannkuchen mit Marmelade und Butter bzw. Sahne;
pav oder **pavlova,**	eine Baisertorte mit Puderzucker, Eischnee und viel Liebe zubereitet, benannt nach der Ballettänzerin Anna Pavlova;
pud oder **pudding**	tut's auch, auch wenn's ein Obstsalat ist.
minties	sind nach dem Essen gereichte Pfefferminzbonbons
scones	Hörnchen, die dick mit Butter bestrichen werden, heiß aber **yummy** (=lekker)

bickies: Kekse gibt's in reicher Auswahl, manche sollen schon deshalb ihren NZ-Aufenthalt verlängert haben, weil's so lange dauerte, bis sie sich durch den *bickie*-Dschungel durchgefressen hatten. Korrekt geschrieben, heißen sie natürlich **biscuits**.

● Von unsereins schwerlich als Delikatesse geschätzt, mit der aber fast jeder Kiwi und Aussie aufwächst: das **marmite**, mehr oder weniger dasselbe wie **vegemite**, ein fast schwarzer Brotaufstrich aus Hefeextrakt, der allen Aussies und Kiwis von Kind an zugemutet wird, und soetwas bleibt ja oft ein Leben lang in den Gehirnzellen verankert: die mögen's tatsächlich auch später noch. Probiert's, aber streicht nur ein ganz klein wenig davon auf's Brot, sonst schmeckt's zu aufdringlich. *Marmite* soll mit Rinderblut gewürzt sein, *Vegemite* mit Gemüseextrakt.

On the piss

Hotels, Bars, Parties und andere Vergnügen

In einem Land, dessen Siedler die puritanischen Traditionen aus England mitbrachten, konnten sich keine ungezwungenen Regeln für den gesitteten Umgang mit Alkohol entwickeln. Was so reglementiert wird, schlägt natürlich leicht ins Gegenteil um. Wenn es um **piss**, Bier, geht, sind Kiwis nicht zu halten, und wenn es gestrenge Regeln gibt, findet man eben Wege, diese korrekt zu umgehen.

Das zeigt sich schon an den Institionen, die sich **Licensed Hotels** nennen. Diese haben eine Lizenz zum Alkoholausschank, die es aber nur gibt, wenn zugleich Übernachtungsmöglichkeiten angeboten werden. Oftmals sind alle Hotelzimmer von lokalen Junggesellen "blockiert", so daß Touristen dann in **Motels** übernachten müssen.

● Zu allen solchen Hotels gehört der **Pub**, die **Public Bar**, eine - im Gegensatz zu einem gepflegten englischen Pub - schmucklose Trinkhalle, in der es normalerweise keine Stühle oder sonstetwas, das vom Trinken ablenken könnte, gibt. Früher, vor 1967, als die Bars noch um 18 Uhr schließen mußten, gab es für die armen Werktätigen, die nach der Arbeit nur eine Stunde Zeit hatten, Kneipen mit Zementboden, Theke aus rostfreiem Stahl mit Pinkelrinne davor; hinterher wurde alles mit dem Schlauch abgespritzt. Heute haben Pubs meist bis 22 Uhr oder später geöffnet (vor allem auf dem Land, wo sich der Dorfpolizist nach der Sperrstunde seiner Uniform entledigt und dann in Zivil unter die Männer mischt).

● Sonntags sind Pubs, die nicht zu einem Hotel gehören, geschlossen, es sei denn, sie gehören zu einer Lokalkette wie **Cobb & Co.**, die argumentieren, daß ihre Gäste in der Bar auf einen freien Platz warten. Hotels werden nicht selten kurz und bündig **Pub** genannt, klar weshalb.

● Frauen tauchen heute auch schon mal in Pubs (werden in vielen jedoch nicht gern gesehen, falls überhaupt geduldet) auf, bevorzugen aber die gepflegteren **Hotel Lounges** mit viel Plüsch und Schummerlicht, wo man auch Dinnergäste antrifft.

● In den **Lounge Bars**, die mancherorts noch **"Ladies and Escorts Bar"** heißen, geht es gegen Aufpreis noch gesitteter zu.

● In Hotels gibt es natürlich oft auch Restaurants. Wenn ihr dort einen Tisch reservieren wollt oder unangemeldet im Lokal erscheint, werdet ihr oft gefragt werden: "**Are you in the house or casual**?" Hotelgäste antworten *"in the house"*, alle andern *"casual"*.

● **Private Hotels** entsprechen unseren Pensionen, haben also familiäre Atmosphäre, bieten Mahlzeiten aber keinen Ausschank. Sie werden oft als **B & B,** *Bead & Breakfast,* bezeichnen.

tea rooms	neuseeländische Variante von Cafés
tavern	Pub ohne Betten, neuerer Lokaltyp
B.Y.O	(*bring your own*) das steht über Lokalen **ohne** Alkohollizenz: also bringt man Bier, Wein, etc. selbst mit;
bottle store	ist der "Schnapsladen" im Hotel, wo ihr Alkohol zum Mitnehmen kaufen könnt
milk bar cowboy	im örtlichen **ice cream parlour**, bzw. **milk bar**, bauen die Teenager ihr Macho-Image auf, da sie noch zu jung für's Hotel sind (*legal age for drinking: 20 years:* mit 20 dürfen JungKiwis erst ans Bier).
tip	Trinkgeld (erfreulicherweise in NZ nicht üblich), bedeutet auch Müllhalde
unit	Wohneinheit im Motel mit Sofa und Kochnische bzw. Wohnplatz auf dem Campingplatz

Knees up mother Brown (Parties)

Bottle-Parties gibt es überall: Die Frauen bringen etwas zum Essen mit (**"ladies a plate"**), die Männer sorgen für's Flüssige (**"gents a crate"**).

knees up (mother Brown) steht für Party: **When the middle income-middle-aged get middlin' sloshed** (= Wenn die Mittelklasse-Mittelalten mal in großer Schar die Sau raus lassen).

glad rags	Partyklamotten
bash	zwanglose Party: War sie gelungen, hört ihr vielleicht anderntags solche Komplimente:

Wer sich auf einer Party die Nacht um die Ohren geschlagen hat, sagt: **"All night I've been out on the tiles".**

"She was a good bash at your place last night. I've never been so pissed in me life."
Das war vielleicht 'ne saubere Party bei dir letzte Nacht; so besoffen war ich mein Lebtag noch nicht."

Übrigens wurde traditionell zur **21. Geburtstags-Party** dem neuen erwachsenen Familienmitglied der Schlüssel zum elterlichen Haus überreicht: Das bedeutete die Freiheit zu kommen und zu gehen, wann es ihm/ihr beliebte. Heute ist das ein symbolischer, einen Meter großer staniolumwickelter Pappschlüssel, denn den richtigen haben auch die jungen Leute in NZ heute schon längst in der Tasche.

Kino

Anstatt der *Pictures* oder *Movies* heißt Kino in NZ **flicks** oder, seltener, **flea house.** Man reserviert gern die Sitze, zieht sich ordentlich an und zelebriert damit den Freitag- oder Samstagabend. Die teuersten Plätze im Kino sind im **dress circle**, Balkon.

Filme werden staatlich bewertet und eingestuft:

G	*general exhibition* - für alle Altersgruppen geeignet (z.B. Heidi, Bambi)
GY	Mindestalter 13 (z.B. ET, Krieg der Sterne, Ben Hur)
GA	Nur für Erwachsene (z.B. Der weiße Hai)
R	Das Einhalten des Mindestalters wird staatlich überwacht
R 13/16/18/20	Zugelassen für Personen über 13/16/18/20 Jahre
x-rated	Porno, schmutzig, unmoralisch

Fernsehen, Theater

telly/goggle box ist das Sofa-Kino, die Glotze;
theatre ist ein richtiges Theater, von denen es fast in jedem Kaff eines gibt.

Veranstaltungen finden oft in der **Town Hall** statt, es sei denn es gibt auch eine **Concert Chamber** mit gerade 100 - 300 Plätzen, in denen nicht nur musikalische Darbietungen zum Besten gegeben werden.

Auf dem Hauptplatz der Stadt, dem **Town Square** werden dagegen die **Sallies,** die Konzerte am Samstagabend gegeben: Das sind Wohltätigkeitsveranstaltungen, häufig von der **Salvation Army,** Heilsarmee bestritten, die jenseits der Tasman-See viel präsenter sind als bei uns. Die Heilsarmee betreibt übrigens saubere, alkoholfreie, preiswerte Hotels, die **People's Palaces.**

Wo es so viele Theater gibt, dürfen auch **Opera Houses** nicht fehlen: In der Oper werden auch Theaterstücke aufgeführt, aber wenigstens einmal pro Saison gibt es eine richtige Oper.

Wenigstens einmal im Jahr gibt es in jeder Stadt auch eine Parade, **procession,** mit Korso, Blasmusik, Dudelsack, etc.

Pissed as a newt

trinken, saufen, voll sein...

Alkohol jeglicher Art heißt **booze**; **boozer** ist der Ort, an dem - nicht nur - der **booze-artist**, der starke Trinker, der Säufer, verkehrt. Unter den alkoholhaltigen Getränken, ist mit Abstand Bier der Spitzenreiter.

snort	ist ein anderes Wort für alkoholische Getränke, auch:
grog	(aber nicht unser Grog) und:
piss	was aber aus mancherlei Gründen vor allem für Bier steht
piss-up	ist die Sauferei

He's been on the piss since this morning.
Seit heute früh säuft er.

He was pissed as a newt.
Er war stockbesoffen.

In NZ gibt es gute, leichte Weißweine (nur 1/6 der Neuseeländer trinken Rotwein):

plonk	ist billiger Wein
bubbly champers	Sekt-Verschnitt
split	ist der Bestandteil, der zum Alkohol gemixt wird: **"What kind of split would you like with your drink?" "Coke!"**

In den Discount-Läden gibt's u.a. Sherry vom Faß (Flasche selbst mitbringen!), Wein in 3-l-Kartons, weinhaltige Getränke mit Fruchtsaft - wie die amerikanischen **wine-cooler**, und manch andere Kombinationen von Long-drinks. Zu Weihnachten wird viel getrunken, das sind dann die **Christmas drinks/-booze**.

Da Kiwis vor allem aber begeisterte Biertrinker sind, hier noch ein paar "technische" Begriffe dazu:

tear off a tab/scab	eine Dose Bier öffnen
XXXX/(four X)	eine Biersorte (**Steinlager** eine andere)
brew	ein Glas Bier, manchmal auch: Tee
stubby	kleine, 0,35-l-Flasche
jug	eine Maß (= 1-Liter-Krug)
pint	= 600 ml
handle of beer	Bier im Henkelkrug (**mug**), der 1 bzw. ½ *Pint* faßt.
flagon	2,25 l-Flasche, in der Faßbier im **bottle store** gekauft wird, wird auch **half g** *(halbe Gallone)* genannt.
4 and a half	gemeint sind Gallonen, genug für drei Leute mit mittlerem Durst

- Bei wirklich großem Durst und für Parties empfiehlt sich der **mini tanker**, der 100 Gallonen faßt (450 Liter). Das Bier wird im übrigen in richtigen Tanklastwagen transportiert und in den entsprechenden Container unterm Hotel gepumpt.
- Normales Bier schmeckt wie das englische *Ale*, das meist **Brown** heißt, teurer ist **Lager Beer,** das unserem Export entspricht, und in grünen Flaschen verkauft wird.
- Beliebt ist auch das dunkle **Stout** (wie Guinness), das mit Limo gemischt **Porter Gaff** heißt. In den Bars wird das Bier randvoll eingeschenkt und sofort bezahlt. Beliebtestes Gefäß für Trinkrunden sind die **jugs.**
- **shout** = Runde bestellen: **it's your shout,** du bist dran. Wer nicht viel verträgt, sollte gleich die erste oder zweite Runde (**round**) übernehmen; jeder kommt nämlich dran.
- **yankee shout** = jeder zahlt selbst

● Wenn's heißt: "**time, gentlemen, please**" schnell das letzte Getränk bestellen, denn die Sperrstunde ist nahe, ein Rest englischer Tradition. Eine andere, aber aussterbende Tradition sind die **11'ses,** der Frühschoppen am Sonntagvormittag.

● Getrunken wird zumeist in Pubs, die Tätigkeit wird deshalb auch **pubbing** genannt. Früher gab es dafür häufig die **booze barn,** aber der gemütlichere Pub wird heute den Saufscheunen vorgezogen.

● Einladungen zu Parties, bei denen die alkoholischen Getränke mitgebracht werden sollen, vermerken ein **B.Y.O.B.** *(Bring your own bottle).*

...und die Folgen

Heitiki

● **Stonkered / stuffed / zonked** heißt soviel wie müde, erschöpft, fertig sein.

● Wenn's einem zuviel wird, hilft vielleicht nur noch **puke / spew */ turt out / technicolour yawn** = kotzen/reihern oder etwas gehobener: **chunder** = sich übergeben.

Wenn ihr nicht nur ein paar getrunken habt, **you sinked a few**, sondern eine Runde nach der andern mitgemacht habt und nicht rechtzeitig ausgestiegen seid, **pike out**, seid ihr sicher mehr als **half cut**, halb betrunken, eher **bombed/ rotten/ skinfull/ sloshed:** (total) betrunken, sturzbesoffen, völlig breit.

● Oder man kippt schon vorher um: **cark out**, was auch abkratzen bedeuten kann.

● Hoffen wir, daß es nicht auch noch zu einem **punch-up** (= Schlägerei) kommt oder zum **stink** (= Stunk), der ebenfalls in eine Rauferei ausarten kann

● Ein **zombie** ist in diesem Zusammenhang kein aus dem Grab Auferstandener sondern jemand mit einem Mords-Kater **(hang-over)**.

● Eine der besonderen Sitten unter jungen Männern am Ende der Teenager- und zu Beginn der Twen-Zeit ist das Herunterlassen der Hosen, während sie auf dem Tisch stehen: **down trou**. Mit einem "**Drop your tweeds**!" werden sie dazu angestachelt.

Toilette

Wer trinkt, muß auch auf's **loo**, das aber in NZ meist nur von Mädchen und Frauen so genannt wird, sonst heißt die *toilet* mal **lav** (von *lavatory)*, **bog** * oder **grot** *, zwei allerdings sehr unfeine Begriffe, unserem "Scheißhaus" entsprechend. Höflich sagt man lieber: **cloakroom**.

to spend a penny
: ist förmliche Umschreibung für den Gang auf den Lokus.

potty
: ist der Nachttopf; wer als **potty** bezeichnet wird, ist schon leicht abgedreht, schräg, angeschickert.

to be caught short

dringend auf's Klo müssen (nur Männer benutzen diesen Satz)

piddle *with the* **diddle**

pinkeln (mit dem Pimmel), **to piddle around** heißt aber auch: herumtrödeln

kack

heißt kacken, aber **kack-handed** meint Linkshänder

to break wind

Blähungen haben

wees and poohs

Kindersprache für: Pipi und AA

trots

Dünnschiß

grizzle

Bauchgrimmen

pong

starker Geruch

To feel a box of birds

Die lockere Sprache des Alltags

Hier jetzt eine Sammlung allgemeiner, lockerer Ausdrücke. Wir haben versucht, sie so gut es ging zu sortieren; Überschneidungen ließen sich aber nicht vermeiden.

begrüßen/verabschieden

haere mai Willkommen
kia ora Auf Wiedersehen

sind die meistgehörten Maori-Grußformeln; unter den **Pakeha** ist folgendes gebräuchlich:

gidday (mate) (= *good day)*	ist der Standardgruß *(mate* = Kumpel)
eryaguan (= *how are you going)*	wie geht's ?
owsidgown (= *how is it going)*	wie steht's?
ta	Danke
tata, tutelue	Tschüß
see ya (later)	Tschüß, bis später
hooray, hurray	ebenfalls Tschüß

Thanks for the cuppa but I have to shoot through now.
cuppa = Bier, Tee oder sonstige Getränke
shoot through = sich verabschieden, nach Hause gehen

pop over/-in/-around gelegentlich vorbeischauen
Pop in any time you like Du bist jederzeit willkommen

Redewendungen

what's the guts? / what's the story?
worum geht's?
You shouldn't have done that
Vielen Dank, aber das war doch nicht nötig
I'm off now
Ich gehe jetzt
I'll be with you in a tick
Ich komme sofort
What are you up to these days?
Was machst du denn so in letzter Zeit?
I wouldn't have a clue
Ich habe keine Ahnung
what a bummer
wie schade
that'll do me
einverstanden
oh yeah
hat manche Bedeutung, etwa zwischen "echt wahr" und "na und"
come again?
wie bitte
she'll be right (mate)
okay, alles klar
You're having me on, aren't you?
Du führst mich wohl an der Nase herum
to be fed up (to the back teeth)
die Nase voll haben

glücklich sein

happy as Larry
wunschlos glücklich

piss in the hand
problemlos, ohne Schwierigkeiten

nifty
clever, geschickt, gut durchdacht

good on yer / you
gut gemacht, mach weiter so

fair go
eine gerechte Chance

chuffed
stolz und glücklich

I feel a box of birds today!
Ich bin heut' echt gut drauf!

tin-arse-luck
unverdientes Glück

best of British (luck)
das wünscht man jemandem, der wenig Aussicht auf Erfolg hat

to live on the pig's back
gut leben (Schweinefleisch ist in NZ nämlich relativ teuer)

super, spitze, affengeil

beaut (= *beautiful*)	spitze, erstklassig
to be a bit of all right	echt in Ordnung sein
to be a boomer	echt gut sein
corker	sehr gut

cracker beaut	saugut, spitzenmäßig
bit of all right	attraktiv
dinkum	echt, wahr:
he's a dinkum kiwi	er ist ein echter Kiwi
fair dinkum	echt wahr!?
fair go	gerechte Chance
flash	protzig
dead flash	super-protzig
grouse	irre gut (Teenie)
mint condition	Spitzen-Form
to be a ripper	spitze, echt gut sein
shit hot	affengeil
swish	elegant, schick
to be spot on	genau richtig sein
to feel / to be a box of birds	saugut, sich saugut fühlen
box of fluffy ducks	so glücklich, erfolgreich, wie ich mir nur wünschen kann
mighty	toll, super
You're the dizzy limit	Du bist wirklich unbeschreiblich
fancy that!	kaum zu glauben
good on yer, you	gut für dich
chuffed	stolz und glücklich
round the bend /- the twist	übergeschnappt, verrückt
rapt / wrapped	begeistert, hingerissen, verliebt
mad as a meataxe /- hatter	spinnig, abgedreht
my eye /- foot /- gum /- oath!	Ausruf des Erstaunens, der Zustimmung oder des Zweifels:
by ginger!	bei Gott!
piss in the hand	problemlos, ohne Schwierigkeiten
up to scratch	in bestem Zustand, apellmäßig

Ärger haben/machen

So lässig und entspannt es in NZ auch normalerweise zugeht, aber Ärger gibt's auch dort ab und an:

cheeky	frech
to be cheesed off	ärgerlich, irritiert sein
to slack off someone	jdn. ärgern
to be slacked off	ärgerlich sein
to be pissed off	ärgerlich, wütend sein
to brass someone off	jdn. ärgern
to be brassed off	ärgerlich, sauer sein
to be hacked off	wütend, stinksauer sein

I'm so hacked off with this job that I'm ready to blow it and piss off to Northland.
Mir stinkt dieser Job dermaßen, daß ich nah dran bin, ihn zu schmeißen und mich nach Northland zu verpissen.

bollicking	Anmache, Schelte
(gone) crook	krank, ärgerlich, kaputt (Dinge) sein
to drive someone crackers	jdn. verrückt machen
to be up to the eyeballs in trouble	bis zum Hals in Schwierigkeiten stekken
to do one's bun/- scone	ausflippen,durchdrehen
to throw a wobbly	einen Wutanfall haben (meist Kinder)
to be fed up to the backteeth	die Schnauze voll haben, es total satthaben
shitty	übel gelaunt, eingeschnappt
bloody minded	starrköpfig
bummer	beschissen
the rough end of the deal	der schlechtere Teil / das dicke Ende
beggared	verdammt, nicht zum aushalten

I'll be beggared if I'll spend another day working with that sod.
Ich krieg ein' an der Birne, wenn ich noch einen Tag mit diesem Scheißkerl zusammenarbeite.

sod	Scheißkerl
(shit) stirrer	Unruhestifter
to pack a sad	frustriert, depressiv sein
misunderstanding	Umschreibung für Personen, die sehr wohl verstehen, um was es geht, aber vollkommen anderer Meinung sind und darauf beharren.

That bloke got stuck into me for calling a sheila a gasbag! Dieser Typ macht micht an, weil ich die Mieze eine Tratschtante nannte!

Auseinanderklamüsert setzt sich dieser Slang-Satz zusammen aus:

to get stuck into s.o.	jemanden zurechtweisen
bloke, joker	Typ, Kerl
sheila	Mädchen, unverheiratete Frau
gasbag	Tratschsuse, Klatschtante, Quasselstrippe

Ärger machen

to winge	meckern, nörgeln; wird gern auf Engländer in der Kombination **winging poms** angewandt
to nag	sich (dauernd) beschweren, quängeln
to pester	bedrängen / belästigen
to nark	anmachen / belästigen
to go rude at	beleidigen
to take the mickey out of someone	jemanden verarschen
to sort someone out	jemanden zurechtweisen / in die Zange nehmen
to have the cheek	die Stirn haben, unverschämt sein
stoppy	widerspenstig
Don't come the raw prawn with me!	Komm mir nicht auf diese Weise!
duck shoving	den schwarzen Peter weiterschieben

Schläge bekommen

to go berko	gewalttätig werden (unter Alkoholeinfluß wird's einem weitgehend nachgesehen)
larrikinism	jugendlicher Vandalismus
punch-up	Kampf, Streit
to be punched out	zusammengeschlagen werden
to take to scrapers	sich aus dem Staub machen, abhauen
bunch of five	Faust
knuckle sandwich	Schlag in die Fresse

Would you like a bunch of five?
Willst du eins in die Fresse haben?

to get one's face smacked in / to get one's face re-arranged
eins in die Fresse bekommen: solche Angebote häufen sich nach üppigem Bierkonsum am Samstagabend.

If you don't behave, I'll wipe your dial.
Wenn du dich nicht benimmst, hau ich dir eine runter (*dial* = Fresse)

spinnen, nicht durchblicken

bummer	beknackt
prawn / dummy	Dummkopf
boob	Simpel
berk, clot	Tölpel
silly galoot	Idiot
to act the goat	sich lächerlich machen
as silly as a two bob watch	dumm wie Bohnenstroh
to be bonkers	eine Schraube locker haben
to be not the full quid	nicht ganz dicht sein
to be round the bend/- twist	spinnen, verrückt sein
nana (= *banana)*	verrückt: *you're driving me 'nanas.*

versagen, Pech haben

hoo-ha	Aufregung um nichts
to blow it	versagen
done your chips	versagt, verloren
blue	Fehler

dicy	unsicher, unstabil
wigwam for a goose's bridle	völlig überflüssig, unnütz
Best of British (luck)!	Viel Glück, aber du hast keine Chance!
Oh diddums!	Du Arme/r, so ein Pech! (sarkatisch): wenn jmd. nicht auf einen guten Rat gehört hat
to act goat	sich tollpatschig , idiotisch aufführen

Schiß haben

to put the wind up	Angst machen
to get the wind up	Schiß bekommen, Angst haben
to be windy	Angst haben
Don't get your knickers in a twist!	Mach dir nicht in die Hose!
to be chicken	feige sein, kneifen
creeps	Schaudern, Zittern

bescheißen, klauen etc.

to pinch	klauen
to flog	stehlen
to flog off	verhökern
to have someone on	jdn. beschwindeln, aufsitzen lassen
to diddle someone out of ..	jdn. betrügen um...
swiz	Nepp
to convert a car	ein Auto stehlen
crim (= *criminal)*	Krimineller
to have been inside	im Knast gewesen sein

kaputt, erschöpft sein

to be bushed	erschöpft sein
to be clapped out	erschöpft sein
to be beggared/- buggered	müde, abgeschlafft sein
to be puffed	k.o., erschlagen, müde sein
to be pooped	erschöpft, kaputt sein
to feel crooked	sich unwohl fühlen
That dog had it!	Dieser Hund ist total am Ende!

quasseln, angeben, etc.

to skite	prahlen
skite	Aufschneider
to talk the hind leg off a horse	Dampfplauderer, jmd. der ununterbrochen reden kann
ear wagging	labern, nörgeln, in den Ohren liegen
ear bashing	ununterbrochen labern
gasbag	Quasselstrippe
chinwag	Klatsch

Four-Letter-Words

Im Englischen - und zwar überall - gibt es die berühmten *four-letter-words: piss, shit, fuck, arse,* etc. Der Begriff steht aber auch für Schimpfwörter, Flüche im allgemeinen. Wie ihr nachfolgend seht, waren die ursprünglichen Siedler offenbar aufgrund ihrer puritanischen Tradition recht gehemmt in der Gestaltung ihrer Flüche, die dazu noch häufig in abgemildeter Form geäußert werden.

rat shit	Quatsch
rats	verdammt!
rat bag	Lümmel, Taugenichts (auch Kinder): **Aren't they a bundle of rat bags!**
bugger	Scheißkerl
stirrer /shit stirrer	jemand der/die Leute gern reizt, provoziert
sponger	Schnorrer
piker	Drückeberger
up him/ - herself	arroganter Typ, hochnäsig
skite	Angeber/in
prawn, boob	Dummkopf, Depp
silly galoot	Idiot, Blödmann
vermin	Ungeziefer, Ekel
wanker **	Wichser; ruft man jdm. zu, den man nicht leiden kann, besser: außerhalb seiner Hörweite
sod ** *(sodomize)*	Arschficker
Bible basher	Religionsfanatiker
odd ball	seltsamer Mensch
(a) sooner	Todeskandidat, Verlierertyp

Looks this old ewe is a sooner
Dieses alte Schaf machts nicht mehr lange.

bastard: nicht unbedingt unfreundlich gemeint: **You're a right bastard, aren't you,** fast ein Kosename; beliebt auch in der Kombination mit Nationalitäten: **Pommie/Aussie bastard**

bloody **: Verdammt! (an "blutig" denkt niemand), **bloody hell, bloody foreigner** aber auch: **bloody good**

ruddy: die etwas akzeptablere Variante von *"bloody";* 'feiner' ist: **blimin', flamin'**

Where's that flamin' mongrel dog?
Wo ist der verdammte Köter?
(mongrel dog = Straßenköter)

What the flamin' heck does he want now?
Was zum Kuckuck will er jetzt schon wieder!

Ausrufe

Cripes, crikey dick!	Um Himmels willen!
'Struth! *(god's truth)*	Um Gottes Willen!
Hells bells!	Himmel noch mal! Heiliger Bimbam!
By crikey!	Gute Güte!
Neat, eh!	Toll, was!
Grotty!	Versifft!
Fancy that!	Kaum zu glauben!
Use your bun!	Streng deinen Kopf an!
Get off it!	Hör auf damit!
Get off my case!	Laß mich in Ruhe!
Shut your cake hole! *	Halt dein Maul!
cake hole! *	Maul
Piss off!	Verpiß dich!
Bugger off!	Hau ab!

Slap and tickle

- Zwischengeschlechtliches

Ein Thema, das immer interessant und unerschöpflich ist. Gerade auch weil es von mancherlei Tabus durchsetzt ist. Was verboten, anrüchig oder auch nur pikant ist, fordert die Sprache heraus. Statt das Ding beim natürlichen Namen zu nennen, wird es umschrieben: manchmal witzig, oft vulgär. Die deutschen Entsprechungen und die * zeigen euch an, wo es nur um's Kennenlernen geht und ihr euch zweimal überlegen solltet, ob ihr solch einen Ausdruck auch selbst benutzen wollt.

Sheila - Ausdrücke für sie

sheila	Mädchen, bevorzugt unverheiratet (wird nicht als Kompliment betrachtet)
bird	Mädchen, Mäuschen
chick	Mieze, Mädchen
dum chick	dummes Huhn
hoon	Huhn, Henne (Southland)
bit of crumpet *	sexy Mieze, heißes Weib
scrubber	Flittchen
town bike	das 'meistgerittene' Mädchen am Ort
tart	Nutte, aufgedonnerte Frau
tarted up	aufgedonnert
lusty wench	klingt nach: geilem Zahn, meint aber das begehrenswerte, attraktive, unbescholtene Mädchen von nebenan
bit of fluff	junges Mädchen (*fluff* meint den Daun, der unterm Höschen verborgen ist)
carnie kid	Mädchen unter 16 (mit der Sex verboten ist)
bit on the side	Geliebte eines Verheirateten
sis (= *sister)*	Schwester
missus	Ehefrau (Chauvi-Ausdruck)
bag *	Alte
gasbag	Tratsch-, Labertante
nanna	Oma
mum/mummy	Mama

mutton dressed up as lamb
vorne Lyceum, hinten Museum

neither use nor ornament
weder von Nutzen noch zur Verzierung.

She's a real cracker!
Sie ist wirklich toll!

Mate - Ausdrücke für ihn

Auffällig ist, wieviel mehr Ausdrücke die Männer für sich haben:

bro *(brother)*	Bruder
old man	Vater, Alter, Ehemann
cuz *(cousin)*	Kumpel (Maori)
bloke	Kerl, Typ
mate	Kumpel, Spezi (Allerweltswort)
joker	Typ, Kerl, Kumpel
sort	Kumpel, Kollege
good sort	guter Freund
sport	Freund, Kumpel, Spezi
bugger	Kerl
hard case / hard shot	eigenwillige/r Draufgänger/in (Kompliment)
dag	Scherzbold, der sich was traut
Roman fingers	jemand, der seine Finger nicht vom andern Geschlecht lassen kann, auch:
W.H.B.	*(Wandering Hands Brigade)* Grapscher
no hoper	Schwächling, Lahmarsch
creep	unangenehmer, gefährlicher Typ, Ekel

dick head *	Scheißkerl, Vollidiot (*dick*=Schwanz)
yahoo	Großmaul, Flegel
yob-yobbo	Flegel, Lümmel
larrikin	Halbstarker, Raufbold
dingeling	Dummkopf, Tölpel
skungy bloke	schmieriger Kerl
cheek	nörgelnder Schmarotzer (ein Typ, der sich erst selbst zum Abendessen einlädt und sich dann über die Qualität des Essens beklagt)
dipstick/twit	Trottel
drongo	Idiot
dummy/nitwit	Dummkopf
dope	Blödmann
pouf / poufter	Schwuler
queer	Schwuchtel
poncey	tuntig
wanker *	Wichser

Short & Curlies

Körperliches

privates	Körperteile, die der Öffentlichkeit (zumeist) vorenthalten bleiben
starkers	splitternackt
rear end/backside	Hintern, Kehrseite
bottom	Hintern
buttocks * **arse *** **bum ***	Arsch
cheeks	Backen, Po, auch: Wangen

boobs	Brüste
knockers	Riesenbrüste
charlies *	Titten
peter	Penis
peter heater *	ein "Schwanzwärmer", also eine warme Unterhose
dick *	Schwanz (**dick head** *: Scheißkerl)
fanny *	Fotze (in den USA: Po) Der Satz: **"He patted her on the fanny"** würde in NZ shocking klingen, dagegen in den USA durchaus normal: Er tätschelte sie am Po."
short & curlies	keine Frisur sondern das Schamhaar
minge *	(weibliches) Schamhaar,

Bit of crumpet - Sex und Liebe

to be rapt	verknallt sein
to be wrapped	verschossen sein
to fancy s.o.	auf jdn. stehen
I fancy that bird.	Ich mag die Kleine.
He's got tickets on that bird.	Er steht auf sie.
She's pretty keen on you.	Sie ist ganz schön scharf auf dich.
to put the hard word on s.o.	jmd. drängen, z.B. zum Sex
Have a go!	Probier's mal.
to be on with each other	etwas miteinander haben, zusammen gehen und leben (ohne Trauschein)
to have a bit on the side	ein Verhältnis haben
to dump someone	jdn. versetzen, sitzen lassen (wörtl.:auf die Müllkippe werfen)
to be randy	geil sein
(a) naughty	jemand, der sexerfahren ist

slap and tickle	Petting, Vorspiel, Fummeln
blow job	einen blasen
to root* / screw* / stuff*	bumsen, ficken
to shag / **bit of a bird**	vögeln
to get one away / to have it off *	miteinander schlafen; klingt nach: abspritzen, einen Abgang haben

---

Ein Trost für die, die noch keine/n abbekommen haben:

> **There's an old boot for every old sock.**
> Zu einem alten Socken findet sich immer ein passender alter Stiefel.

Das langfristige Ergebnis kann dann mehr oder weniger erfreulich sein, wenn kein **french letter** (= Pariser) zur Hand war und die Periode, **period**, nicht mehr kommt:

to be up the duff / **up the spout** / **sprogged** / **to have a bun in the oven**	schwanger sein

sprog	das Blag, der Sprößling
ball of muscle	Kinder, meist überaktive

Im landwirtschaftsbewußten NZ heißt es vom unehelichen Kind entsprechend: **There must have been a stray bull in the paddock.**

Darbie and Joan sind für Kiwis das glücklich verheiratete ältere Ehepaar, wie im Beatles-Song: "When I'm sixty-four..."

Literatur

Im Gegensatz zur amerikanischen Variante des Englischen gibt es nach unserer Kenntnis keine deutschsprachigen Veröffentlichungen zu Kiwi-English. Wir haben lediglich das folgende, nicht mehr ganz frische Buch entdeckt.

A personal Kiwi-Yankee Slanguage Dictionary von Louis S.Leland, erschienen 1980 im Verlag John McIndoe, Dunedin, Neuseeland. Es enthält in alphabetischer Reihenfolge über tausend Einträge insbesondere im Vergleich zum Amerikanischen. Es enthält aber eine Menge Neuseeland-spezifischer Begriffe, z.B. zur Politik und gesellschaftlichen Institutionen.

Eine wahre Fundgrube für Kiwi-Slang sind aber die in Neuseeland überall erhältlichen **"Footrot Flats"-Comics.** Die Hauptperson "**the Dog**" ist mittlerweile fast das Nationalsymbol Neuseelands geworden. Die Abbildungen in diesem Slang-Buch stammen aus diesen Comis. Unbedingt zulegen! Kosten zwischen 2,50 und 5,00 NZ$.

• Eine deutsche Ausgabe ist mittlerweile auch erschienen, im Ehapa-Verlag. Titel: Geschichten von der **Stinkfuß-Farm.**

Weitere Kauderwelsch-Slang-Bücher für Englisch:

American Slang, das andere Englisch
von Renate Georgi und Anette Linnemann, Kauderwelsch-Band 29, DM 12.80.

Aussie-Slang, das andere Englisch Australiens
von Conrad Stein und Mike Zeedel, Kauderwelsch-Band 48, DM 12.80.

British-Slang, das andere Englisch
von Veronica Sierra-Naughton, Kauderwelsch-Band 47, DM 12.80

Register

Auf den folgenden Seiten findet ihr ein alphabetisch geordnetes Verzeichnis der meisten Begriffe, die in diesem Buch vorgekommen sind. Es soll dem behilflich sein, der einen Ausdruck in irgendeinem Zusammenhang gehört hat, aber nicht weiß, was er bedeutet. Hinter jedem Wort steht in Klammern die Seitenzahl, auf der ein Ausdruck mit diesem Wort auftaucht. Kommt ein Wort in mehreren Ausdrücken vor, stehen mehrere Seitenzahlen dahinter.

A

abattoirs 39
accelerator 42
air 23
Alsatian 37
Aotearoa 14
A & P 31
Ara 19
Ariki 19
Aroha 19
arse 90
Atua 19
Aussie 10,15,86
Awa 19

B

B & B 65
bach 21,42
backside 90
backteeth 79
bag 85,88
ball 85,92
bangers 59
bar 65
barbie 61
barn 71
bash 66,67,84
basher 84
bastard 16,86
baths 50
BBQ 61
be fed up 75
be off 75
be on 90
be up 75
beaut 76
beetroot 53
beggared 79,84
Belgium 61
bell 87
belly-buster 50
bend 78,82
berk 82
berko 81
bickies 50,64
big smoke 21
bike 42,88
bikie 13,42
bird 25,76,88,90,92
Biro 24
Bistros 58
bit 76,88,90,92
blimin' 86
bloke 80,89
bloody 44,79,86
blow 79,82,92
bludger 51
blue 82
bob 50
bobby 33
bog 22,72
bog in 57,58
bollicking 79
bomb 40,42,50
bombed 72
bong 15
bonkers 82
bonnet 43
boob 82,85,90
booeye 40
boomer 76
boot 42,92
booze 69,71
boozer 69
bottle 66
bottom 24,90
bowsers 42
brass 78
breakfast 30
breckie 57
brew 70
brisket 61
british 39,76,83
bro 89
broke 50
brolly 24
Brown 66,70
bubble 60
bugger 30,85,87,89
buggered 84
bull 92
bum 90
bummer 75,79,82

bun 79,87,92
bunch 81,82
burn 40
bursary 28
bush 30,44
bushed 44,84
bushwacker 30
butchery 53
buttocks 90
BYO 58,66
B.Y.O.B. 71

C

cake 87
Califont 24
calls 52
can off 42
can out 50
cane 27
capping 28
capsicum 53
cardie 55
cardigan 55
careering 41
cark 72
carnie 88
case 87,89
cemetery 63
champers 69
Charlie Browns 56
charlies 90
cheek 80,90
cheeky 78
cheerios 59
cheesed 78
chemist 53
chick 88
chicken 83
chinks 16
chinwag 84
chippies 59
chippolatas 59
chips 59
chocka 58
chook 61
choppers 16,58
Christmas 69
Christmas Tree 49
chuffed 76,78
chunder 71
ciggy 13,51,54
cinnamon 63
clapped 84
clappers 40
clerk 30
clip 56
cloakroom 72
clobber 55
clot 82
clothesgrips 24
clue 75
cocky 32
coconut 15
cod 60
convert 83
cooler 69
Coolibah 24
copper 23
cordial 62
corker 76
corn 40
courgette 53
cowboy 66
cracker 54,77,79
crate 42,66
cream 63
creche 26
creep 83,90
crib 21
crikey 87
crim 83
cripes 87
crook 79
crooked 40,84
crumpet 88
crutching 36
cuda 49
cue 56
cuppa 29,57,74
curlies 90
cushy 30
cuz 89

D

dag 30,36,89
dairy 54
Dallie 15
Darbie 92
dear 51
Debris 43
delikatessen 53
derby 63
destructors 23
dial 82
dick 87,90
dicy 83
diddle 73,83
diddums 83
dim sims 59
dingeling 90
dinkie 56
dinkum 77
dipstick 43,90
dizzy 78
dog 30,37,40,59,84
doorstop 59
dope 90
drapers 53
drapery 53
drench 36
dressing 34
drongo 90
duchesse 24
duck 49,50,80
duck itch 47
duff 92
dum 88
dummy 82,90
dump 90
dunny 22
duster 27
dustman 30
dux 28

E

E II. 11
easies 55
eiderdown 23,45
11'ses 71
end 79
Enzed 10,14
Enzedder 15
eryaguan 74
escorted 45
ewe 35,85
eye 78
eyeballs 79
eye-dog 37

F

face 24,82
face flannel 24
fags 54
fair 76,77
fancy 78,87,90
fanny 90
fart arsing 30
fed up 79
fencing 32
fingers 89
fire 22
fizzy 62
flagon 70
flake 60
flamin' 86
flash 77
flat 21,30
flea 67
flicks 67
flog 54,83
floss 63
flu 29
fluff 88
fluffy 78
fly 63
foot 78
footpath 41
form 26
frankfurters 59
Friesian 33
frogs 16
fruit 51
fruiterer 54

G

g 70
G 67
GA 67
Gaff 70
galoot 82,85
game 34
garage 54
gasbag 80,84,88
gentleman 22
get down 54,58
get in 37
get off 87
gidday 74
gig lamps 24
ginger 78
gizago 12
globe 24
glory box 24
gnashers 58
gnomes 22
go 90
goal 51
goat 82,83
God's own 14
Godzone 14
goggle 68
goggle box 24
goody-goods 57
goose 61,83
gooseberries 40
goosegogs 53
gorse 49
gown 55
grafter 29
greengrocer 54
greenstone 45
grill 61
grip 56
grizzle 73
grog 69
groin 36
grot 22,72
grotty 87
grouse 77
grubs 36
grunds 55
grunter 24
gum 78
gum digger 39
gummies 40,56
guts 57,75
GY 67

H

haberdashery 53
hacked off 78,79
Haere mai 17
Haere ra 17,74
Haka 17
hamburgers 59
handle 70
Hangi 17,20
hang-over 72
Hapu 19
hatter 78
have it off 92
have s.o. on 75,83
heck 86
Hei-Tiki 18
hell 86,87
hogget 35,61
Hoka 60
holiday 29
Hongi 19
hoo-ha 82
hoon 88
hooray 74
hoper 89
Hori 15
horse 84
hot points 24

hottie 23
hua whenua 20
hu hu bug 47
huhu 20
Hui 19
humpty 24
hundreds 63
huntaway 37

I

ice 62
ika 19,20
inside 83
IR 12 29
iti 19
itie 16
Iwi 19

J

jack 41
jam 50
jandals 25,56
Jelly 63
jersey 55
Joan 92
Joe Bloggs 15
John Dory 60
joker 80,89
judder 41
jug 25,70
jumble 27
jumper 55
junket 63

K

kack 73
Kai 20
Kainga 19
Kaka 48
Karakia 19
Katipo 47
Kauri 49
Kea 48
keen 90
kerb 41
kia ora 17,74
kindy 13,26
Kiwi 10,40,48,77
knickers 55,83
knockers 90
knuckle 81

L

kumara 53
lamb 36,88
lambing 36
land agent 21
larrikin 90
larrikinism 81
Larry 76
lav 22,72
lay-by 54
leatherjacket 60
leg-ins 21
lemon 60
letter 92
licensed 64
lollies 63
loo 22,72
loopies 45
loot 51
lounge 22,58,65
low 24
L.S.Z. 43
lusty 88

M

mac 55
mags 28
mai mai 47
mainland 14
maize 40
makings 29
Mana 19
manchester 53
Manu 19,20
manure 34
Maoritanga 16
Marae 17
marmite 64
marrow 53
match 24
mate 12,89
mates-rates 54
Maui 14
Maunga 19
Mauri 19
meataxe 78
mercers 53
messages 30
metal 40,43
mickey 80
mighty 78
milk 33
mince 61,62
minge 90
mint 77
minties 63
missus 88
misunderstanding 79
Moana 19
Moko 19
mongrel 86
moolah 51
mossie 47
motel 65
motorcamp 42
Motu 19
Muck 30
mudguard 43
mum 88
mummy 88
muster 36
muttonbird 49

N

nag 80
nana 82
nanna 88
napkins 56
nappy 56

nark 80
naughty 90
neat 87
never 54
newt 69
Ngakau 19
nifty 76
nighty 55
nippon-clipon 42
nitwit 90
noa 19
northerly 46
nosh up 57
NZ 10,14,15

O

o 51
oath 78
Ocka 16
offal 34
offsider 30
oncer 54
oodles 51
oven tray 24
overdraft 50
overstayer 30
own-your-own 22
owsidgown 74
oysters 36,61
ozzie 16

P

P40 43
paddock 32,92
Paeroa' 62
Pakeha 16
PakiPaki 15
panel 41
Papa 19
park 42
passbook 50
Patu 19
paua 18
pavlova 63
pay 63
P.A.Y.E. 29
peckish 57
pegs 24
penny 72
period 92
perks 29
pester 80
peter 51,55,90
piddle 73
pie-cards 62
pig 14,76
pike out 72
pikelets 63
piker 85
pinch 83
pinny 56
pint 70
piss 28,64,69,76,78
piss off 79,87
pissed 67
pissed off 78
piss-up 69
Piupiu 19
plonk 69
plum 11
pluty 22
Pohutukawa 49
pointsmen 41
Pom 16
pommie 11,16,86
poms 11,50
poncey 90
pong 38,73
pontoon 51
poohs 73
pooped 84
pop 23,74
porina 36
posh 54
possum 47
postie 13
pot 50
pottle 54
potty 72
pouf 90
Pounamu 19
pozzie 13
pram 25
prang 41
prawn 80,82,85
primers 26
privates 90
pub 58,65
pubbing 71
pud 62,63
puffed 84
puha 20,53
puke 19,71
punch-up 72,81
puncture 41
punnet 54
punter 51
pushchair 42
pussy 38

Q

quarter 59
queer 90
quencher 63
quid 50,82

R

rag 25,66
randy 90
range 24
Rangi 19
rapt 78,90
rat 85
rattle 30
readycash 54
rear 90
re-arranged 82
Reinga 19
ripper 77
rissole 59

road 30
roll 59
root 92
Roto 19
rotten 72
round 70
rouseabout 35
rubber 27
rubbish 25
ruddy 86
rude 80
run 32

S

sacked 30
sad 79
sally 68
sammie 59
sandfly 47
sandshoe 56
sandwich 59,81
sausage 38
savoury 62
scab 70
scoff 57
scone 63,79
scrapers 81
scratch 78
scratcher 24
screw 30,92
scrubber 88
seal 40,43
seat 24
section 21
semi-detached 21
service 26
shag 92
shandy 62
sharemilker 33
shears 31
shed 33
sheila 80,88
shit 77,85
shitty 79
shoot 74
short 55,73
shot 89
shout 70
sickie 29
side 90
sidebords 56
silly 82
silverbeet 53
silverside 61
singlet 55
sinked 72
sis 88
skinfull 72
skinned 50
skite 84,85
skungy 90
slack off 78
slap 92
Slikka Pads 24
slip 43,46
slippers 40
sloggy 55
sloshed 66,72
smokes 54
smoko 29,57
snart 57
snavel 58
snooker 51
Snootex 24
snort 69
sod 79,85
sooner 85
sort 80,89
southerly 46
speedo 43
spew 71
split 69
sponger 85
sponsored 45
sport 89
spot 77
spout 92
sprog 92
sprogged 92
squeak 60
standards 26
starkers 90
station 32,35
sticks 59
stink 72
stirrer 79,85
stock 33
stone 53
stonkered 44,71
stoppy 80
Stout 70
strap 27
stray 92
strides 55
stroppy 38
struth 87
stubby 70
stuff 92
stuffed 41,71
sulky 25
super 34
suspenders 55
swedes 53
swish 77
switches 24
swiz 83
swotting 28

T

ta 13,74
tab 70
take-aways 58
tallboy 24
Tane 19
Tangata 19
tangi 17
tanker 70
tapu 17,19
Taranaki 32
tarsealed 40
tart 88
tarted up 88

tata 74
tatts 51
tavern 66
T-bone 61
te 20
tea 24,66
technicolour 71
telly 24,68
Tene koe 17
theatre 68
theft 50
thousands 63
tick 75
ticket 90
tickle 51,92
tidbits 58
tidy 25
tiki-tour 41
tiles 66
tin 25
tin-arse 76
tip 34,66
toby 25
toffee 63
togs 50,55
Tohunga 17
tokens 54
tomato 40,53
tommie 16
ton 40
toning 55
toot 43
topside 61
torch 24
tracks 44
tramping 44
tranny 24
trots 73
trou 72
trout 44
truckie 42
trundler 54
tucker 57
tup 34
turnips 31
turt out 71
tutelue 74
tweeds 72
twist 78,82,83
twit 90
tyre 41

U

Umu 20
undies 55
unit 42,66
up 85
ute 42
Utu 20

V

vacuum 24
varsity 28
veg 60
vegemite 64
veges 13
venison 61
vermin 85
vest 55
Vogel 59

W

wag 27,29
wagging 84
Wahine 20
Wai 20
Waiata 20
Wairua 20
waistcoat 55
Waka 20
wallaby 47
wanker 85,90
wardrobe 24
wedding 57
wees 73
Weka 48
Wellingtons 24
wench 88
wetback 23
Whakairo 20
Whare 20
W.H.B. 89
Whenua 20
white goods 24
whitebait 60
Whykickamoocow 31
Wichtes Britches 55
wigwam 83
wind 73,83
windscreen 43
windy 83
winge 80
wipe 82
wobbly 79
WOF 41
wog 16
wolly 55
woolshed 35
Wop-Wops 31
word 90
works 39
wrapped 78,90

X

Xing 43
x-rated 67
XXXX 70

Y

ya 14,74
yachtie 50
yahoo 90
yakker 29
yank 42
yankee 70
yer 76
yob-yobbo 90
yummy 63

Z

zombie 72

Kauderwelsch-Sprechführer

gibt's für
unheimlich viele Sprachen:

American-Slang ▌ Arabisch
Aussie-Slang ▌ Bengali
Brasilianisch ▌ British Slang
Chinesisch ▌ Dänisch
Finnisch ▌ Französisch
Franz. für Afrika ▌ Franz. Slang
German ▌ Griechisch
Hebräisch ▌ Hindi
Indonesisch ▌ Italienisch
Japanisch ▌ Kantonesisch
Kisuaheli ▌ Kiwi-Slang
Koreanisch ▌ Madagassisch
Malaiisch ▌ Nepali
Norwegisch ▌ Persisch
Pidgin English ▌ Polnisch
Portugiesisch ▌ Quechua
Russisch ▌ Schwedisch
Spanisch ▌ Spanisch für
Latein-Amerika ▌ Tamil
Tagalog ▌ Thai
Tibetisch ▌ Tschechisch
Türkisch ▌ Ungarisch

und dann gibt's noch
die Sammelbände (Sampler):

Sprachbuch AFRIKA
Sprachbuch SÜDOST-ASIEN
Sprachbuch LATEIN-AMERIKA
Sprachbuch SKANDINAVIEN
Sprachbuch HIMALAYA
Sprachbuch CHINA